clara

Kurze lateinische Texte
Herausgegeben von Hubert Müller

Heft 12

Konquistadoren in Peru

Aufstieg und Fall der Brüder Pizarro nach Bildern
und Texten von Theodor de Bry

Bearbeitet von Alexander Micha

Mit 24 Abbildungen

2. Auflage

Vandenhoeck & Ruprecht

ISBN 978-3-525-71711-0

© 2012, 2004, Vandenhoeck & Ruprecht in Göttingen / www.v-r.de
Alle Rechte vorbehalten. Das Werk einschließlich seiner Teile ist urheberrechtlich
geschützt. Jede Verwertung außerhalb der engen Grenzen des Urheberrechtsgesetzes
ist ohne Zustimmung des Verlages unzulässig und strafbar. Das gilt insbesondere für
Vervielfältigungen, Übersetzungen, Mikroverfilmungen und die Einspeicherung und
Verarbeitung in elektronischen Systemen. Printed in Germany.
Gestaltung: Markus Eidt, Göttingen
Satz und Lithos: Dörlemann Satz, Lemförde
Druck und Bindung: C.H.Beck, Nördlingen

Gedruckt auf chlorfrei gebleichtem Papier.

Abbildungsnachweis: S. 27 (oben): laif-agentur für photos & reportagen gmbh

Ein Weg zurück – in die Zukunft

1942, zur Zeit der größten Machtentfaltung der Franco-Diktatur, erschienen in Barcelona drei Bände einer Comic-Sammlung mit dem Titel »Las grandes Aventuras« (»große Abenteuer«), die je einem der berühmten spanischen Konquistadoren, Christoph Kolumbus, Hernán Cortés und Francisco Pizarro, gewidmet waren. Der Klappentext dieser Sammlung zeigt, welche »pädagogische« Wirkung sich die Verfasser und die zuständige Erziehungsbehörde auf die jugendlichen Leser versprachen: »Diese Sammlung, die in erster Linie zum Nutzen der Kinder, der Menschen von morgen, erscheint, soll … von den glorreichen Heldentaten der großen spanischen Konquistadoren künden, die durch ihre Tapferkeit und Intelligenz die Kultur im Allgemeinen und die spanische Kultur im Besonderen auch jenseits der Meere verbreiteten.« Hätte der francistische Propagandaapparat es damals gewagt, die spanische Jugend mit den Texten und Bildern zu konfrontieren, die auf den nächsten clara-Seiten folgen, so hätte er schwerlich auf die gleiche Wirkung hoffen dürfen.
Aber der Kupferstecher Theodor de Bry (1528–1598), der als protestantischer Flüchtling aus den spanischen Niederlanden in die freie Reichsstadt Frankfurt am Main gekommen war und 1596 dort den sechsten Band seiner (in der ursprünglichen Fassung auf eine Chronik des Mailänder Historikers Girolamo Benzoni zurückgehende) Geschichte Amerikas veröffentlichte, war auch näher an den Ereignissen, die damals die »zivilisierte« Welt bewegten – etwa so nahe wie wir heute zu den Verbrechen der nationalsozialistischen Zeit.
Und da gab es nicht viel zu beschönigen: Schon zu de Brys Zeiten kam es in Peru und in anderen Teilen Lateinamerikas zu einer der größten Massenvernichtungen der Menschheitsgeschichte. Die indianische Bevölkerung war auf etwa ein Siebtel der ursprünglichen Population zusammengeschmolzen, Folge von Epidemien, die von den Europäern eingeschleppt worden waren, und der massenhaft betriebenen Zwangsarbeit, die auf den Landgütern der Eroberer wie im Bergbau (Potosí) zahlreiche Opfer forderte. Dürfen uns dieser Genozid und seine Begleitumstände, Intrigen, Verrat, Mord und Totschlag, Gieren nach Gold und mörderisches Ringen um politische Macht, heute kalt lassen? »Die Geschichte ist ein rückwärts blickender Prophet«, sagt Eduardo Galeano in seiner engagierten Geschichte des südamerikanischen Kontinents (»Die offenen Adern Lateinamerikas«, 1972, S. 17) und stellt deshalb den »Konquistadoren in ihren Karavellen die Technokraten in ihren Jets« und den »Gewinnen der Sklavenhändler die Dividenden von General Motors« zur Seite. …
Es ist ein weiter Weg von den Comics der Francozeit zu de Brys Kupferstichen, von nationalistischer Verklärung zu vorurteilsfreier Auseinandersetzung mit der europäischen Vergangenheit, ein Weg zurück in die Zukunft, an dessen Ende die Vision von einem weltoffenen, friedliebenden, humanen Europa stehen könnte.

1 Drei Glücksritter machen gemeinsame Sache

Audita opulentae regionis illius,
quae ad Australe mare spectat,
fama
tres Hispani Panamae cives
5 valde opulenti,
Franciscus videlicet Pizarrus,
Iacobus Almagrus
et sacerdos quidam, cui nomen
Ferdinandus Luques,
10 societatem inter se ineunt,
ut communibus sumptibus
exploratum eant divitem illam
auro, argento et smaragdis regionem
data et accepta fide
15 se sine fraude et fideliter
inter se distributuros honores
et quidquid divitiarum et emolumentorum
communibus sumptibus
adquirerent.

20 Eius rei causa binas naves
sibi comparant rebusque necessariis
et milite instruunt.
Pizarrus et Almagrus
paucis interiectis diebus
25 Panama solvunt
relicto domi sacerdote Luquesio,
ut omnia, quae usui esse possent,
curaret.
Verum prima illa expeditione
30 ex animi sententia non succedente
multis militibus amissis
Panamam regredi coguntur.

opulentus: reich
regiō, ōnis *f.*: Gegend, Landschaft
spectāre ad aliquid: auf etw. hinaussehen, in Richtung auf etw. liegen
Hispānus: Spanier; spanisch
vidēlicet *Adv.*: offenbar; nämlich

societās, ātis *f.*: Bündnis, Pakt
commūnis, e: gemeinsam
sūmptus, ūs *m.*: Aufwand, Kosten
explōrāre: erkunden
īre + *Supinum*: sich daran machen *etw. zu tun*
aurum: Gold
argentum: Silber
smaragdus: Smaragd
fidēs, eī *f.*: *hier*: Ehrenwort
fraus, dis *f.*: Betrug, Tücke
fidēlis, e: treu, redlich, fair
distribuere, buī, būtum: (ver)teilen; distribūtūrōs: *erg.* esse
quisquis, quidquid: wer/was auch immer; jeder, der/alles, was
ēmolumentum: Vorteil, Gewinn
adquīrere: (hinzu)erwerben, sich aneignen

bīnī, ae, a: (je) zwei
comparāre: bereitstellen, verschaffen
necessārius: notwendig, erforderlich
mīles, itis *m.*: *hier (als Sammelbegriff)*: Heer
intericere, iō, iēcī, iectum: dazwischenwerfen, -schieben
solvunt: *erg.* nāvēs

ūsus, ūs *m.*: Gebrauch, Nutzen
vērum *Adv.*: aber, jedoch
expedītiō, ōnis *f.*: (militärische) Unternehmung
ex animī sententiā: wunschgemäß
regredī, ior, gressus sum: zurückkehren, sich zurückziehen

Das Supinum ist ein alter Akkusativ der Richtung, der vom Neutrum Singular des P.P.P. gebildet wird. Es steht nach Verben der Bewegung (alternativ zu einem *ut*-Satz) zur Bezeichnung des Zwecks. In Verbindung mit dem Inf. Pass. *iri* dient das Supinum als Ersatz für den fehlenden Inf. Fut. Pass.

Franciscus Pizarrus, Jacobus Almagrus & Ferdinandus Luques societatem ineunt.

Audita opulentæ Regionis illius, quæ ad Australe mare spectat, fama, tres Hispani Panamæ cives, valdè opulenti, Franciscus videlicet Pizarrus, Jacobus Almagrus, & sacerdos quidam, cui nomen Ferdinandus Luques societatem inter se ineunt, ut communibus sumptibus exploratum eant divitem illam auro, argento & smaragdis regionem, data & accepta fide, se sine fraude & fideliter inter se distributuros honores, & quidquid divitiarum & emolumentorum communibus sumptibus adquirerent. Ejus rei causa binas naves sibi comparant, rebusq́, necessariis & milite instruunt. Pizarrus & Almagrus, paucis interjectis diebus Panama solvunt, relicto domi sacerdote Luquesio, ut omnia, quæ usui esse possent, curaret. Verùm prima illa expeditione ex animi sententia non succedente, multis militibus amissis, Panamam regredi coguntur.

1 (a) Welche Situation ist im Bildvordergrund (rechte Bildhälfte) dargestellt? – (b) Ordne die im Text genannten Namen den dargestellten Personen zu. – (c) Welche lateinischen Bezeichnungen/Sätze passen zu Details der linken Bildhälfte?
2 Der Text beginnt mit einer für die lateinische Sprache typischen Konstruktion: audita … fama. (a) Wie heißt diese Spracheigentümlichkeit? – (b) Nenne aus dem Text fünf weitere Beispiele. – (c) Welches der genannten Beispiele hebt sich von den anderen ab und in welcher Hinsicht? – (d) Übersetze die isolierten Strukturen als unabhängige (Haupt-)Sätze.
3 (a) Suche und beschreibe Auffälligkeiten im Druckbild des Originals. – (b) Welchen Zusammenhang siehst du zwischen der ungewöhnlichen Interpunktion des Originals und deinen Arbeitsergebnissen aus 2 (a) und (d)?

2 Ein riskantes Einmann-Unternehmen

Ex vulneribus,
quae in prima illa expeditione
Pizarrus et Almagrus acceperant,
curati
5 novo milite et rebus necessariis
naves complent
et denuo fortunam experiri volunt.
Itaque Pizarrus oram Peru maritimam
legere coepit,
10 donec Tumber perveniret,
quam valde opulentam esse
a quibusdam Indis intellexerat.

Nullus tamen militum
in terram exscendere audebat;
15 timor enim omnium animos pervaserat
conspecto tam ingenti Indorum numero,
qui litus occupabant.

Unus Cretensis natione,
cui nomen Petrus,
20 suam offert operam:

Magno igitur arrepto ense
cymbam ingressus
ex ea intrepidus in terram exsilit
et per medium Indorum agmen pervadit
25 viri barbati forma non mediocriter
attonitorum.

Eius regionis praefectus
humaniter illum excipiens
templum Soli dicatum ostendit.

30 De cuius opulentia
ad suos reversus
Pizarro et aliis refert.

---

dēnuō *Adv.*: von neuem, noch einmal
experīrī, pertus sum: versuchen, erproben
ōra: Küste
Perū: *hier Gen.*
maritimus: am Meer befindlich, Meeres-
legere aliquid: *hier:* an etw. entlangsegeln
dōnec: bis (endlich)
Tumber *f.: hier Akk. der Zielangabe*
Indus: Indianer/Indio; indianisch
intellegere, lēxī, lēctum: erkennen, erfahren; einsehen
in terram exscendere: an Land gehen
pervādere, vāsī, vāsum: hindurchschreiten; durchdringen
cōnspicere, iō, spexī, spectum: erblicken
tam *Adv.*: so
lītus, oris *n.*: Küste, Strand
Crētēnsis, is *m.*: Kreter
nātiō, ōnis *f.*: Geburt, Abstammung; Volk(sstamm)
opera: Arbeit, Mühe; Hilfe
arripere, iō, ripuī, reptum: an sich reißen, packen
ēnsis, is *m.*: Schwert
cymba: Nachen, Kahn
ingredī, ior, gressus sum: hineingehen, besteigen; *in etw.* eindringen
intrepidus: unerschrocken, furchtlos
exsilīre: (heraus)springen
barbātus: bärtig
mediocris, e: (mittel)mäßig, (nur) gering-fügig/wenig
attonitus: bestürzt, »geschockt«
praefectus: Vorsteher; Hauptmann; *hier:* Häuptling
hūmāniter = hūmānē
excipere, iō, cēpī, ceptum: aufnehmen, empfangen
templum: Heiligtum, Tempel
sōl, sōlis *m.*: Sonne (Sōl: Sonnengott)
dicāre: weihen, widmen
ostendere, tendī: zeigen
opulentia: Reichtum
revertī, revertor, revertī (*Part.*: reversus): zurückkehren

Imperterritus quidam Pizarri miles, Cretensis natione,
per medium Indorum agmen transit.

1. Die Illustration zeigt den Ablauf des Einmann-Unternehmens in mehreren Schritten. (a) Beschreibe mithilfe des Textes die einzelnen Vorgänge (lateinisch und deutsch). – (b) Identifiziere im Bild folgende Begriffe/Ausdrücke: agmen Indorum – templum Solis – navis Hispanorum – ora Peru maritima – cymba – ensis – praefectus Indorum – miles Cretensis (Petrus) – ingens Indorum numerus – vir barbatus – Indi attoniti – litus. – (c) Welcher Begriff im Text ist bedeutungsgleich (synonym) mit dem ersten Wort der Bildüberschrift, welcher drückt (als Antonym) das Gegenteil aus?
2. Auch dieser Text beginnt mit einer für das Lateinische typischen Konstruktion: ex vulneribus ... curati. (a) Vergleiche diese Struktur mit der in Aufgabe 2 zu Text 1 behandelten Konstruktion und beschreibe Gemeinsamkeit(en) und Unterschied(e). – (b) Nenne und erkläre die grammatische Bezeichnung. – (c) Suche aus dem Text drei weitere Beispiele und übersetze diese entsprechend Aufgabe 2 d zu Text 1.
3. Viracocha, der zweigeschlechtige Gott der Inka, den sich der Volksglaube weißgesichtig und bärtig vorstellte, hatte nach einem alten Mythos seine Heimat über das Meer verlassen; im Bewusstsein des Volkes lebte der Glaube an seine Wiederkehr fort. Welche Erklärung bietet die Viracocha-Legende für das rätselhafte Verhalten der Indios und ihres Häuptlings?
4. Welche Wesenszüge der europäischen Eroberer (Konquistadoren) einerseits und der indianischen Ureinwohner (Indigenen) andererseits werden im Text (und zwischen den Zeilen) sowie im Bild angedeutet? Lege eine Liste der für beide Gruppen typischen Eigenschaften/Verhaltensweisen an und vervollständige sie jeweils nach der Lektüre der folgenden Szenen.

3 Mit dem Segen der Krone: Pizarro wird Statthalter von Peru

His rebus intellectis
Franciscus Pizarrus Panamam repetit
et Tumber opulentiam valde praedicat.

Almagrus et Luquesius Pizarrum
5 in Hispaniam ablegant
postulatum a Caesare
cum Tumber occupandae licentiam,
tum eius praefecturam.

In Hispaniam cum appulisset,
10 relationem facit in concilio Indiarum regionis,
quam detexerat,
(et) illius praefecturam sibi concedi postulat
promittens
se magno censu et ingentibus thesauris
15 Castellae regnum locupletaturum
ne minima quidem sociorum mentione facta.

Obtinet, quod petebat;
insuper diploma Caesareo sigillo munitum
illi conceditur.

20 Quibus rebus peractis
ad iter se comparat
et adsumptis Ferdinando, Gonsalvo,
Ioanne Pizarris et Martino de Alcantara
Panamam proficiscitur.

repetere, petīvī, petītum: wieder aufsuchen, zurückkehren; wiederholen
Tumber: *hier Gen.*
opulentia: Reichtum
praedicāre: preisen, rühmen
Hispānia: Spanien
ablēgāre: ab-/entsenden
Caesar, aris *m.*: *hier*: Kaiser (Karl V.)
cum … tum …: nicht nur … sondern auch …
licentia: Erlaubnis, Vollmacht; Willkür
praefectūra: Kommando; Stellung eines Gouverneurs
appellere, pulī, pulsum: herantreiben, landen
relātiō, ōnis *f.* (alicuius reī): Bericht, Vortrag (über etw.)
concilium: Versammlung, Rat; concilium Indiārum: Indienrat (*s. Informationstext*)
dētegere, tēxī, tēctum: entdecken
concēdere, cēssī, cēssum: nachgeben; überlassen, aushändigen
cēnsus, ūs *m.*: Vermögen; *hier*: Abgabe, Steuer
thēsaurus: Schatz
Castella: Kastilien *(Sitz des spanischen Königshauses)*
locuplētāre: bereichern
nē … quidem: nicht einmal …
mentiō, ōnis *f.*: Erwähnung
obtinēre: *hier*: erhalten, bekommen
īnsuper *Adv.*: obendrein, noch dazu
diplōma, atis *n.*: (Ernennungs-)Urkunde
Caesareus: kaiserlich
sigillum: Siegel
mūnīre: befestigen, schützen; *hier*: bekräftigen, bestätigen
peragere, ēgī, actum: durchführen
adsūmere = assūmere, sūmpsī, sūmptum: an-/mitnehmen; für sich beanspruchen, sich anmaßen
proficīscī, fectus sum: aufbrechen, (ab)reisen; marschieren

Die Hand, die nimmt und gibt: der Indienrat

1524 erhielten die überseeischen Provinzen Spaniens mit dem Indienrat (Consejo Real y Supremo de las Indias) eine zentrale Verwaltungsbehörde, die zugleich als oberstes Gericht in allen Zivil- und Strafsachen fungierte. An seiner Spitze stand ein Präsident. Zu Mitgliedern wurden Juristen bürgerlichen Standes, aber auch Geistliche berufen. Eines der jüngeren Ratsmitglieder war als »Fiscal« mit der besonderen Wahrnehmung der Interessen des Hofes betraut. Zu den Aufgaben des Rates gehörte auch die Vergabe der Gouverneursposten in den »westindischen« Verwaltungsgebieten.

Da die Durchführung der Entdeckungsfahrten und Eroberungszüge die finanziellen Möglichkeiten der Krone weit überforderte, mussten sich die Herrscher die Initiative und das Profitinteresse privater Unternehmer zunutze machen. Als Kompensation übertrugen sie denen, die auf eigene Kosten (»suis sumptibus«) militärische Expeditionen durchführten, wichtige Funktionen der öffentlichen Gewalt, so u. a. die Gouverneursstellen in den eroberten Gebieten auf Lebenszeit.

1 (a) Unterscheide in der Illustration die dargestellten Personen nach ihrer Rolle im Indienrat (juristische Laien, Geistliche, Präsident, Fiscal). – (b) Wen repräsentiert die stehende Person?
2 (a) Wie beurteilst du die »Diplomatie« Francisco Pizarros bei seinem Auftreten vor dem Indienrat? – (b) Wird dieser Auftritt den Erwartungen gerecht, die seine Kompagnons daran knüpfen? – (c) Welche Stelle des Textes verrät eine Wurzel künftiger Konflikte? – (d) Welche Absicht Pizarros vermutest du hinter dem Vorgang: »adsumptis Ferdinando ... Alcantara« (Z. 22 f.)?

4 Begegnung mit dem Inkafürsten

Pizarrus cum suo exercitu ad Caxamalca
perveniens
aedes occupat,
in quibus se et suos recipit,
5 atque confestim
tribunum Ferdinandum de Soto
cum aliquot equitibus ad Atabalibam ablegat
ipsum eius nomine
salutaturum et renuntiaturum
10 iam se advenisse atque petere,
ut ipsum convenire liceret.
Sotus equum in gyrum agens
et contractis habenis subsilire faciens
adeo prope Atabalibam accedit,
15 ut equi spuma in eius faciem
ab aura ferretur.

Ille tamen ea re non commotus
gravitatem vultus non remisit,
sed multos ex suis,
20 qui attoniti refugerant ab equis
sibi metuentes,
mactari iussit
inique ferens

barbatos illos viros nullam habuisse
25 maiestatis ipsius rationem
et ipsum non esse reveritos.

---

ad Caxamalca: in die Gegend von Cajamarca
aedēs, is *f.*: Haus, Palast; Tempel
in quibus: *statt*: in quās
sē recipere, iō, cēpī, ceptum: sich zurückziehen
cōnfēstim *Adv.*: sofort
tribūnus (militum): hoher Offizier, Oberst
aliquot: einige, etliche
renūntiāre: (zurück)melden, (amtlich) mitteilen
convenīre aliquem: jdn. treffen/aufsuchen
gyrus: Kreis;
in gyrum agere: im Kreis laufen lassen
contrahere, trāxī, tractum: zusammenziehen; straffen
habēna: Zügel
subsilīre: hochspringen;
subsilīre facere: zum Springen bringen
adeō *Adv.*: so (sehr)
accēdere, cēssī, cēssum: herankommen/-reiten; aufsuchen
spūma: Schaum
faciēs, ēī *f.*: äußere Erscheinung; Gesicht
aura: Luft(-Hauch), Wind
gravitās, ātis *f.*: Schwere; Ernst, Würde
remittere, mīsī, missum: zurückschicken; nachlassen; *hier*: verlieren
refugere, iō, fūgī: zurückfliehen/-weichen
sibi metuere: für sein Leben fürchten
mactāre: opfern, töten
inīquus: ungleich; ungerecht; feindselig;
inīquē ferre: ungnädig aufnehmen, sich ärgern
barbātus: bärtig
māiestās, ātis *f.*: Größe, Würde, Hoheit
ratiōnem habēre alicuius reī: auf etw. Rücksicht nehmen, etw. (be)achten
reverērī: scheuen, Ehrfurcht empfinden

Jakob Wassermann (1873–1934) beschreibt in seiner Novelle **»Das Gold von Caxamalca«** (1928) die in unserem Text dargestellte Szene:

»(De Soto) richtete die Grüße des Generals aus und lud Atahuallpa mit ehrfurchtsvollen Worten ein, er möge geruhen, unseren Führer zu besuchen.

Atahuallpa erwiderte nichts. Keine Miene und kein Blick ließ merken, dass er die Rede verstanden habe. Seine Lider waren gesenkt, und er schien angestrengt zu überlegen, was der Sinn der gehörten Worte sei. …

Da gewahrte de Soto, dass der Inka das feurige Tier, auf dem er vor ihm saß und das unruhig an seinem Gebiss kaute und den Boden stampfte, mit großer Aufmerksamkeit betrachtete. De Soto war immer ein wenig eitel auf seine Reitkunst gewesen; es lockte ihn, sie zu zeigen, er dachte auch, dies werde einschüchternd auf den Fürsten wirken. Er ließ dem Tier die Zügel schießen, gab ihm die Sporen und sprengte über den gepflasterten Platz hin. Dann riss er es herum und hielt in vollem Lauf jäh an, indem er es fast auf die Hinterbeine warf, so nahe bei dem Inka, dass etwas von dem Schaum, der die Nüstern des Pferdes bedeckte, auf das königliche Kleid spritzte.

Die Trabanten und Höflinge waren von dem nie gesehenen Schauspiel so betroffen, dass sie unwillkürlich die Arme ausstreckten und bei der stürmischen Annäherung des Tieres entsetzt zurückwichen.

Atahuallpa selbst blieb so ruhig und kalt wie vorher. Es hat sich die Sage gebildet, dass er diejenigen seiner Edlen, die bei dieser Gelegenheit eine so schimpfliche Feigheit bewiesen hatten, noch am selben Tag habe hinrichten lassen. Aber das, wie so vieles sonst, was ich vernommen, ist nichts weiter als müßige und boshafte Erfindung, die das Bild des Fürsten besudeln sollte.«

1 Vergleiche Wassermanns Darstellung mit der unseres Textes/Bildes und stelle gemeinsame und abweichende Züge heraus.

2 Der Text folgt der »Sage«, die Wassermanns Ich-Erzähler eine »müßige und boshafte Erfindung« nennt. Verschaffe dir historisch verbürgte Informationen über Atahuallpa und die Inkakultur und arbeite sie zu einem Referat aus.

5 Atahuallpas Einzug in Cajamarca

Postridie Atabaliba cum pluribus
quam viginti quinque Indorum milibus advenit
et a quibusdam e suis gestatus
magna cum pompa Caxamalcam infertur,
5 perinde atque in summa pace versaretur,
donec ad palatium,
in quo barbarorum legationem audire debebat,
perveniret.

Gestabatur autem in sella laminis aureis ornata
10 et versicoloribus psittacorum pennis suffulta
insidens pulvinari laneo multis gemmis ornato.

Conspicatus porro Christianos quosdam,
quos Pizarrus in turricula disposuerat,
illos inde eici vel mactari praecipit.

postrīdiē *Adv.*: am folgenden Tag
plūrēs, plūra, ium (*Komparativ zu* multī, ae, a): mehr(ere)
quīnque *undekl.*: fünf
mīlle, *Plur.* mīlia, ium: tausend
ē/ex + *Abl.*: aus; von (… her)
gestāre: tragen
pompa: Festzug; Prunk
perinde atque/ac + *Konj.*: (gleich) als ob
versārī: sich aufhalten/befinden
palātium: Palast, Residenz
barbarus: Ausländer, Fremder
lēgātiō, ōnis *f.*: Gesandtschaft
sella: Stuhl, Tragsessel
lāmina: (dünne) Platte, Blech
aureus: golden, Gold-
ōrnāre: schmücken, verzieren
versicolor, ōris: bunt(farbig)
psittacus: Papagei
penna: Feder
suffulcīre, fulsī, fultum: *hier*: unten bestücken/besetzen
īnsidēre alicui reī: in/auf etw. sitzen
pulvīnar, āris *n.*: Kissen
lāneus: wollen, aus Wolle
gemma: Edelstein
cōnspicārī: erblicken
porrō *Adv.*: weiter, ferner; *örtl.:* in der Ferne
Chrīstiānus: Christ
turricula: Türmchen
dispōnere, posuī, positum: verteilen; (zweckmäßig) aufstellen
ēicere, iō, iēcī, iectum: hinauswerfen, vertreiben
mactāre: opfern, töten
praecipere, iō, cēpī, ceptum: vorschreiben, befehlen

Auszug aus der Wassermann-Novelle

»Aber erst um Mittag wurden die Peruaner auf der breiten Kunststraße sichtbar. Voran schritten zahlreiche Diener, deren Amt es war, den Weg von jedem, auch dem kleinsten Hindernis zu säubern, Steinen, Tieren und Blättern. Hoch über der Menge saß Atahuallpa auf seinem Thron, den acht der vornehmsten Edelleute auf den Schultern trugen, während sechzehn auf jeder Seite, überaus kostbar gekleidet, nebenher schritten.

Der Thronsessel war aus gediegenem Gold und warf Strahlen wie eine Sonne. Rechts und links hingen Teppiche herab, die aus den bunten Federn tropischer Vögel mit schier unbegreiflicher Kunst hergestellt waren. Viele der Unsern richteten gierige Blicke auf dieses Prunkstück von kaum zu ermessendem Wert, aber von allen Augen waren meine sicherlich die gierigsten. Ich konnte mich nicht losreißen von der schimmernden Herrlichkeit, und mein Herz schlug mit verdreifachten Schlägen.

Um den Hals trug der Inka eine Kette von erstaunlich großen Smaragden; sein kurzes Haar umflocht ein Kranz von künstlichen Blumen aus Onyx, Türkisen, Silber und Gold, seine Haltung war so ruhig, dass man die täuschende Meinung bekam, eine Figur aus Erz sitze da oben.«

1 (a) Bringe deine Beobachtungen zur Illustration in die geschlossene (schriftliche) Form eines Situationsberichts. – (b) Vergleiche deinen Bericht mit dem Text und dem Auszug aus Jakob Wassermanns Erzählung (vgl. Aufgabe 1 zu Text 4): Welcher Version kommt deine Darstellung näher?

6 Das Kredo des Dominikaners

Interea ad regem Atabalibam
dominicanus quidam
Vincentius de Valle viridi nuncupatus
per mediam Indorum turbam penetrat
5 manu crucem gestans et suum breviarium
atque per interpretem illi significat
se ab imperatore ad ipsum missum
ex auctoritate pontificis Romani,
vicarii Iesu Christi,
10 qui imperatori ignotas illas regiones
donarit ea condicione,
ut eruditos et tali officio dignos viros
eo mittat,
qui sacrosanctum evangelium istic doceant
15 et impuros errores tollant.

Deinde ostendens suum breviarium
in eo legem Dei contineri adfirmat,
qui omnia ex nihilo creasset,
atque ab Adam et Eva sermonem exorsus
20 de hominis creatione et casu agere coepit;
tum Christum ex caelo descendisse,
carnem in virginis utero adsumpsisse,
denique cruci adfixum fuisse
et resurrexisse,

---

intereā *Adv.*: unterdessen, inzwischen
dominicānus: Dominikaner(mönch)
nuncupāre: (be)nennen
turba: Lärm; Getümmel, Menschenmenge
penetrāre: ein-/vordringen
crux, crucis *f.*: Kreuz
breviārium: Brevier
interpres, tis *m.*: Erklärer; Dolmetscher
sīgnificāre: bezeichnen; zu verstehen geben
ex auctōritāte alicuius: in jds. Auftrag
pontifex, ficis *m.*: Oberpriester; *hier*: Papst
Rōmānus: *hier*: in Rom *waltend*
vicārius: Stellvertreter
Iēsū: *Gen. zu* Iēsus
dōnāre: geben, schenken; dōnārit = dōnāverit
condiciō, ōnis *f.*: Verabredung; Bedingung
ērudīre: unterrichten, (aus)bilden
tālis, e: so beschaffen, solch ein
eō *Adv.*: dorthin
sacrōsanctus: hochheilig
ēvangelium: Evangelium
istīc *Adv.*: dort
impūrus: unrein; schändlich
deinde *Adv.*: darauf, ferner
adfīrmāre = affīrmāre: bekräftigen; versichern
creāsset = creāvisset
sermō, ōnis *m.*: Gespräch; Rede, Sprache; *hier*: lange Rede (»Sermon«)
exōrdīrī, ōrsus sum: beginnen
creātiō, ōnis *f.*: Erschaffung, Schöpfung
cāsus, ūs *m.*: Fall; Unglücksfall; *hier*: Sündenfall
agere dē aliquā rē: von etw. reden
carō, carnis *f.*: Fleisch
uterus: Mutterleib, Schoß
adfīgere = affīgere, fīxī, fīxum alicui reī: an etw. anheften/schlagen; adfīxum fuisse = adfīxum esse
resurgere, surrēxī, surrēctum: auferstehen

25 ut humanum genus redimeret,
postremo in caelum ascendisse
et ecclesiae suae curam D. Petro reliquisse
tamquam suo vicario,
deinde ipsius successoribus, papis.

redimere, ēmī, ēmptum: loskaufen; erlösen
postrēmō *Adv.*: zuletzt, schließlich
ecclēsia: Kirche
D. (= Dīvus) Petrus: der hl. Petrus
tamquam *Adv.*: (gleich)wie, gleichsam als
succēssor, ōris *m.*: Nachfolger
pāpa *m.*: Papst

Mit Kreuz und Schwert: Die Eroberung Amerikas und die Heidenmission

In seiner »Geschichte der Indianerkulturen und der spanisch-portugiesischen Kolonialherrschaft« erläutert der Historiker Richard Konetzke den Zusammenhang der europäischen Eroberungspolitik und der Heidenmission:
»Die spanische Entdeckung und Eroberung Amerikas erfüllten ihren Sinn in der christlichen Heilsgeschichte, indem sie die Möglichkeit gaben, den Indianern die Botschaft des Evangeliums zu verkünden. Es war die allgemeine Empfindung unter den Spaniern und Portugiesen, dass die Ausbreitung des Christentums ein gottgefälliges Werk und die Auffindung dieser unbekannten Weltgegenden im göttlichen Heilsplan vorgesehen sei. … Die Einheit von Heils- und Weltgeschichte ließ sich noch wirksamer demonstrieren, wenn man sich auf die Autorität des Papstes berufen konnte. … Die Theologen folgerten nun, dass der Papst dieses Recht, das Christentum den Heiden zu bringen und die Verkündung der christlichen Lehre zu schützen, an einen christlichen Fürsten delegieren kann. Die Papstbullen von 1493 bedeuten in dieser Auslegung einen Missionsauftrag an die katholischen Könige für die westindischen Entdeckungen.«
Fischer Weltgeschichte Bd. 22, 1965, S. 33 f.

1 Die Ansprache des Paters Valverde folgt dem Muster der offiziellen Einführungsreden, wie sie in der frühen spanischen Kolonialzeit gegenüber den Bewohnern neu entdeckter Gebiete üblich waren. (a) Wie begründet der Dominikaner seine Forderung nach Unterwerfung Atahuallpas unter die Herrschaft des Kaisers? – (b) Vergleiche die Vorstellungen Valverdes mit der Herrschaftsideologie der damaligen Zeit (s. Informationstext).

2 Im Brevier des Dominikaners könnte folgende Kurzfassung seines »Kredo« gestanden haben: »Christus ex caelo descendit, carnem in virginis utero adsumpsit, denique cruci adfixus est et resurrexit, ut humanum genus redimeret, postremo in caelum ascendit et ecclesiae suae curam D. Petro reliquit tamquam suo vicario, deinde ipsius successoribus, papis.«
(a) Beschreibe die grammatischen Unterschiede dieser Version zur Fassung unseres Textes (Z. 21–29). – (b) Welche sprachliche Erscheinung bestimmt die Textversion? – (c) Suche zwei weitere Beispiele für dieses Sprachphänomen im Text und beschreibe auch hier die wesentlichen grammatischen Merkmale.

3 Auf welche zentralen Glaubensinhalte aus dem Alten Testament greift das »Kredo« des Dominikaners zurück?

7 Der Sturz eines Inkagottes

Interrogatus monachus ab Atabaliba,
unde haec sciret,
respondit librum illum,
quem ostendebat, id dicere.
5 Sumptum a monacho librum
Atabaliba evolvit atque subridens
»nihil«, inquit, »simile mihi dicit
hic liber«,
et cum dicto simul abicit.
10 Monachus
arrepto ad se libro
Pizarrum inclamare coepit
et ad vindictam adhortari.

Pizarrus statim tormenta explodi
15 (et) fratrem Ferdinandum cum aliis equitibus
impetum in Indos facere iubet,
qui tonitru tormentorum
et tintinnabulorum phaleris equorum appensorum
strepitu attoniti
20 diffugiunt.

Ipse Franciscus cum peditatu
impressionem in regem Atabalibam facit
multisque hostium caesis
Atabalibam ex sella, qua gestabatur,
25 detrahit et capit.

monachus: Mönch
unde Adv.: von wo, woher

sūmere, sūmpsī, sūmptum: (an/zu sich) nehmen; unternehmen, vollstrecken
ēvolvere, volvī, volūtum: aufrollen/-schlagen
subrīdēre: (ironisch) lächeln
similis, e: ähnlich, gleich(artig)
simul Adv.: zugleich;
cum dictō simul: zugleich mit diesen Worten
abicere, iō, iēcī, iectum: wegwerfen; *hier:* (verächtlich) zu Boden werfen
inclāmāre: (zum Zeugen) anrufen
vindicta: Befreiung; Rache
adhortārī: ermuntern, (er)mahnen
tormentum: Wurfmaschine; *hier:* schweres Geschütz
explōdere: hier: zur Explosion bringen, (ab)feuern
impetus, ūs m.: Andrang, Angriff
tonitrus, ūs m.: Donnern
tintinnābulum: Klingel, Glöckchen
phalerae, ārum f.: (Brust- und Stirn-)Schmuck *der Pferde*
appēnsus alicui reī: an etw. angehängt, von etw. herabhängend
strepitus, ūs m.: Lärm, Getöse; *hier:* Gebimmel
diffugere, iō, fūgī: auseinander fliehen/stieben
peditātus, ūs m.: Fußvolk, Infanterie
impressiō, ōnis f.: Angriff

dētrahere, trāxī, tractum: herabziehen; wegnehmen

Auszug aus der Wassermann-Novelle

»Da trat, wie es beschlossen war, der Pater Valverde, unser Feldpriester, aus einer der Hallen. Die Bibel in der Rechten, das Kruzifix in der Linken, näherte er sich dem Inka und redete ihn an. …

Der Dominikaner forderte Atahuallpa auf, sich dem Kaiser zu unterwerfen, der der mächtigste Herrscher der Welt sei und seinem Diener Pizarro den Befehl erteilt habe, von den Ländern der Heiden Besitz zu ergreifen.
Der Inka rührte sich nicht.
Pater Valverde forderte ihn zum zweiten Mal auf und fügte hinzu, wenn er sich dem Kaiser zinspflichtig bekenne, werde ihn dieser als treuen Vasallen beschützen und ihm in jeder Not beistehen. Es erfolgte das nämliche Schweigen.
Da erhob der Mönch zum dritten Mal seine Stimme und richtete im Namen unseres Herrn und Heilands die bewegliche Mahnung an ihn, sich zu unserem heiligen Glauben zu bekehren, durch den allein er hoffen dürfe, selig zu werden und der Verdammnis und höllischen Haft zu entgehen. …
Der Inka antwortete auch dieses Mal nicht. Ein starres Bild, saß er auf seinem Thron und schaute den Mönch halb verwundert, halb unwillig an. Dieser blickte ratlos zu Boden, sein Gesicht erblasste, vergeblich suchte er Erleuchtung und neuen Anruf, und plötzlich wandte er sich um und hob das Kruzifix in seiner Hand wie eine Fahne.
Da sah der General, dass die Zeit gekommen war und dass er nicht länger zaudern durfte. …«

1 Die Illustration vereinigt verschiedene (zeitlich getrennte) Vorgänge in einem Bild. (a) Identifiziere solche (in den Texten 6 und 7 geschilderte) Einzelvorgänge in der Bildversion. – (b) Vergleiche die Illustration mit dem Auszug aus der Wassermann-Novelle und stelle Übereinstimmungen und Abweichungen fest. – (c) Charakterisiere die Art des Auftretens der beiden Hauptakteure (Mönch und Inkafürst) in der jeweiligen Darstellungsweise unseres Textes und der Wassermann-Erzählung. – (d) Welche hintergründige Absicht verbirgt sich hinter dem »Bekehrungsversuch« des Mönchs?

8 Die Moral der Sieger

Capto Atabaliba et relata tam insigni
(nullum enim suorum Pizarrus amisit)
de Indis victoria
Hispani de tanta praeda
5 et adeo potente rege superato
sibi gratulantes totam illam noctem
partim genio, partim quieti indulserunt;
valde enim erant fatigati
nec integro die cibum sumpserant.

10 Postridie in vicina urbi Caxamalca loca
excursiones faciunt
et inventas in balneis
uno miliari a Caxamalca distantibus
mulieres rapiunt
15 atque cum illis perinde ac cum aliis,
quas in Atabalibae castris receperant,
libidinem suam explent.

īnsīgnis, e: ausgezeichnet, glänzend

victōria: Sieg;
victōria dē aliquō: Sieg über jdn.
praeda: Beute
potēns, entis: mächtig
grātulārī: Glück wünschen;
sibi grātulārī dē aliquā rē: sich zu etw. beglückwünschen
partim ... partim ...: teils ... teils ...
quiēs, ētis *f.*: Ruhe; Schlaf
indulgēre, dulsī: nachgeben; sich hingeben;
geniō indulgēre: sich den Freuden des Lebens hingeben
fatīgāre: ermüden
integer, gra, grum: unversehrt; voll(ständig);
integrō diē: den ganzen Tag lang
Caxamalca: *hier Dat.*
excursiō, ōnis *f.*: Ausflug; Streifzug
balneae, ārum *f.*: Badehaus, Badeanstalt
mīl(l)iāre, is *n.*: Meile
distāre: auseinander stehen, entfernt sein; sich unterscheiden
mulier, eris *f.*: Frau
perinde ac/atque: ebenso wie
recipere, iō, cēpī, ceptum: aufnehmen; *hier:* in seine Gewalt bekommen
libīdō, inis *f.*: Lust, Begierde
explēre: ausfüllen; befriedigen, stillen

Sind die Indios Menschen?

Im Jahre 1550 berief Karl V., besorgt über den drastischen Bevölkerungsrückgang in den neuen Kolonien und in der begründeten Furcht, die dort lebenden Spanier könnten sich zu große Freiheiten herausnehmen, die »Junta von Valladolid« ein, eine Art Hearing zu Fragen des menschenrechtlichen Status der indianischen Bevölkerung. Dabei sprach sich Juan Ginés de Sepúlveda, Erzbischof von Tarragona, mit dem Hinweis auf Götzendienst und andere »Verbrechen« für rücksichtslose Unterdrückung und Versklavung aus, während sein Gegenspieler, Bischof Bartolomé de las Casas, sich zum Fürsprecher der Indios machte. Aus dem Plädoyer des Sepúlveda:

»… Vergleiche nun jene Gaben der Umsicht, Klugheit, Großherzigkeit, Mäßigung, Menschlichkeit und Frömmigkeit (der Spanier) mit denen dieser Menschlein (homunculi), bei denen du kaum einen Rest Menschlichkeit antriffst, die nicht nur der Kultur entbehren, sondern nicht einmal das Alphabet kennen … und barbarische Gebräuche pflegen. Und was ihre Tugenden betrifft, was soll man schon von Menschen erwarten, die sich allen möglichen Formen der Leidenschaft und schändlicher Verwahrlosung verschrieben haben und von denen sich nicht wenige von Menschenfleisch ernähren?
Wenn man also der nützlichen Unterdrückung die heilsame Unterweisung im christlichen Glauben hinzufügt, damit nicht nur das Licht der Wahrheit die Finsternis des Irrglaubens verjage, sondern auch die Macht der Furcht die Fesseln der schlimmen Gewohnheiten breche, so freuen wir uns über die Errettung vieler.«

1 Versetze dich in die Rolle des Bartolomé de las Casas und entwirf ein Gegenplädoyer. Berücksichtige dabei außer den Informationen des Textes auch deine Beobachtungen gemäß Aufgabe 4 zu Text 2.

9 Ein verlockendes Angebot …

Magnas divitias in Atabalibae castris
invenerunt Hispani.
Postridie Pizarrus Atabalibam adit
consolandi gratia;
5 graviter enim (ille) querebatur
sibi iniectas fuisse compedes:

at quandoquidem in istud infortunium inciderat,
a Pizarro petit,
ut bene eum habere velit.

10 Agnoscens autem Hispanorum avaritiam,
si illi compedes (sibi) adimant
liberumque (se) dimittant,
pro sua redemptione
tantum auri et argenti in vasa elaborati
15 (se) daturum pollicetur,
quantum caperet id, in quo erat, triclinium
ad lineam usque,
quam ipsemet in pariete duxit
quamque deinde
20 rubrica per totum triclinii ambitum notari iussit
addita tamen condicione,
ne vasa elaborata confringerentur
aut liquarentur.

cōnsōlārī: trösten, gut zureden
grātiā + *Gen. (nachgestellt)*: um … willen, wegen
querī, questus sum: sich beklagen/beschweren
inicere, iō, iēcī, iectum: hineinwerfen; anlegen;
iniectās fuisse = iniectās esse
compēs, edis *f.*: Fußfessel
quandōquidem: da nun einmal
īnfortūnium: Unglück
incidere, cidī: hineinfallen/-geraten
eum = sē
habēre: *hier*: behandeln
āgnōscere, āgnōvī, āgnitum: erkennen; anerkennen
avāritia: Habgier, Geiz
adimere, ēmī, ēmptum: wegnehmen; abnehmen
redemptiō, ōnis *f.*: Loskauf, Freilassung *gegen Geld*
vās, vāsis *n.*: Gefäß
ēlabōrāre: (sorgfältig) ausarbeiten; verarbeiten
datūrum: *erg.* esse
pollicērī, licitus sum: versprechen
quantus: wie groß, wie viel;
tantum … quantum …: so viel … wie …
triclīnium: Speisezimmer; *hier*: Empfangszimmer
līnea: Strich, Linie;
līneam dūcere: eine Linie ziehen
ad līneam ūsque = ūsque ad līneam
ipsemet (*verstärktes* ipse): mit eigener Hand
pariēs, etis *m.*: Wand
rubrīca: rote Kreide
ambitus, ūs *m.*: Umlauf; Umfang, Ausdehnung
notāre: bezeichnen; *hier*: nachziehen
cōnfringere: zerbrechen
liquāre: flüssig machen, (ein)schmelzen

Jakob Wassermanns »Augenzeuge« beschreibt die Situation nach der Festnahme des Inkafürsten so:

»Was irgend von Wert war, raubten wir. Die Eingeborenen wurden festgenommen, und wir rissen ihnen Schmuck und Zierate vom Leib. Einzeln oder in Gruppen zogen unsere Leute durch das Gelände und steckten die Wohnungen in Brand, nachdem sie sie ausgeplündert. Sie brachen in die Tempel, erschlugen oder vertrieben die Priester und schleppten fort, was sie tragen konnten an bunten Stoffen und schönen Gefäßen. Aber alles war nicht genug; sie lechzten nach mehr. Ich stand in der Mitte des Platzes und hatte allmählich mein Augenmerk nur auf den Inka gerichtet. Er schien nicht recht zu begreifen, was sich vor seinen Blicken abspielte. … Was mich bis ins Innerste bewegte, war der Ausdruck des Grauens und Grübelns im Gesicht Atahuallpas.«

Atabaliba de suo litro persolvendo cum Francisco Pizarro pacifcitur.

1 Die Bildüberschrift gibt das Thema der Illustration vor: »Atahuallpa schließt mit Francisco Pizarro einen Vertrag über die Zahlung eines Lösegeldes«. (a) An welchen charakteristischen Merkmalen unterscheidest du die Hauptpersonen (im Bildvordergrund)? – (b) Was drücken Mimik und Gestik dieser Personen aus? Suche aus dem Text dazu passende Ausdrücke/Sätze. – (c) Welcher Vorgang wird im Bildhintergrund dargestellt?

2 Lies den Text aus der Erzählung von Wassermann: (a) Welche Eigenschaft der spanischen Eroberer tritt in dieser Beschreibung besonders hervor? Nenne den entsprechenden lateinischen Begriff aus dem Text. – (b) Diese Eigenschaft löst in der Wassermann-Darstellung und in unserem Text bei Atahuallpa unterschiedliche Reaktionen aus. Verdeutliche den entscheidenden Unterschied.

10 ... und seine Erfüllung

Pizarrus illum consolatus
hilari animo esse iubet
fidemque dat humaniter se ipsum habiturum,
postremo etiam liberaturum,
5 si pro litro id persolveret,
quod pollicebatur.
Confidens Ataballa promissis Pizarri
suos confestim in diversa loca mittit,
qui undecumque aurea et argentea vasa adferrent,
10 illos orans,
ut, quam citissime fieri posset, redirent,
si eius libertas ipsis cordi esset.

Brevi propterea advenire coeperunt
Indi auro et argento onusti.
15 Aliquot post captum Atabalibam diebus
urgere coeperunt Pizarrum Hispani,
ut praedam adquisitam,
licet locum destinatum non expleret,
inter ipsos partiretur.

20 Numquam milites tam brevi temporis spatio
tamque sine periculo
divites evaserunt.

hilaris, e: heiter, froh
habitūrum/liberātūrum: *erg.* esse
litrum (= lytrum): Lösegeld
persolvere: (ab)bezahlen
cōnfīdere, fīsus sum: vertrauen, sich verlassen

dīversus: verschieden
undecumque *Adv.*: woher auch immer, von überall her
argenteus: silbern
citō (citius, citissimē) *Adv.*: schnell;
quam citissimē fierī posset: so rasch wie möglich
brevī: erg. tempore
proptereā *Adv.*: deswegen, daher
onustus: beladen
urgēre, ursī: (be)drängen, bestürmen
adquīrere, quīsīvī, quīsītum: (hinzu)erwerben, sich aneignen
licet *Konjunktion + Konj.*: wenn auch
dēstināre: bestimmen, beschließen;
dēstinātus: ausgemacht, fest abgesprochen
explēre: (vollständig) ausfüllen
partīrī: verteilen, aufteilen
spatium: Raum; Zeitraum, Zeitspanne
ēvādere, vāsī, vāsum: *hier*: hervorgehen, werden

Auszug aus der Wassermann-Erzählung

»Kaum war das Übereinkommen getroffen, als der Inka Eilboten nach allen Städten seines Reiches mit dem Befehl schickte, dass man die goldenen Geräte und Gefäße aus den königlichen Palästen, den Tempeln und Gärten und öffentlichen Gebäuden fortnehmen und ohne Säumen nach Caxamalca bringen solle. ...

Seit aber das Gold im Hause lag und wir alle, vom Führer bis zum letzten Söldner, gierig seine Anhäufung bewachten, erfüllte ihn Furcht und Grauen vor uns, und in solchem Grad oft, dass er die Augen schloss, wenn er einen von uns gewahrte. Das ist die Wahrheit, das habe ich erfahren. Ich bemerkte nicht selten, dass Atahuallpa in der Nacht, wenn seine Getreuen schliefen, aufrecht saß und lauschte. Da war nämlich immer ein Scharren und Schlüpfen, Murmeln und Rascheln, und wenn zufällig der Mond schien und sein Strahl das Gold beleuchtete, sah man die brünstig aufgerissenen Augen, in denen ein matter Schein war, aus Goldglanz und Mondglanz gemischt, und sie waren dann Tieren ähnlich, die auf verborgenen Wegen zur Tränke schleichen, aus Furcht vor anderen Tieren, die stärker sind. …
Ein anderes Mal wieder gingen mehrere hinter einem peruanischen Träger her, der beladen mit goldenem Geschirr eintraf, und rissen ihm die Last mit einem Ungestüm vom Rücken, als wollten sie die Haut mitreißen, dann zählten und zählten sie, wogen und prüften mit zitternden Fingern und sahen einander an wie Wölfe. …«

1 *Vor der Übersetzung:* (a) Stelle die (vier bzw. fünf) Personen(gruppen) fest, die den Handlungsablauf bestimmen. – (b) Ordne diesen Handlungsträgern die Verbalinformationen (unabhängig von deren syntaktischer Funktion: Prädikate von Haupt- und Nebensätzen, Partizipien) zu und gib den so ermittelten Handlungsablauf mit eigenen Worten wieder.
2 Welche über den Text hinausgehenden Eindrücke vermitteln die Bilddarstellung und der Auszug aus der Wassermann-Erzählung?

11 Dank nach Konquistadorenart

Franciscus Pizarrus
divisione praedae facta
Ferdinandum fratrem cum quinta parte,
quam imperatori cesserat,
5 in Hispaniam ablegat.
Illo profecto
Hispani consilia de morte Atabalibae inferenda
denuo agitare coeperunt.

Qua re audita
10 Atabaliba de Francisci fide valde questus est,
qua se obstrinxerat liberum illum dimissurum
accepto litro;
illum deinde orat,
ut ad Caesarem in Hispaniam mittat potius,
15 quam manus polluat eius sanguine,
qui ipsum numquam offendisset.

Sed Pizarrus aures ad eius preces obstruens
per suos Aethopes laqueo illi gulam frangi iubet.

dīvīsiō, ōnis *f.*: Aufteilung
quīntus: fünfter
cēdere: *hier*: abtreten, überlassen

mortem alicui inferre: jdn. ermorden
dēnuō *Adv.*: von neuem
agitāre: (heftig) betreiben; erwägen;
cōnsilia dēnuō agitāre: den Plänen neuen Auftrieb geben
obstringere, strīnxī, strictum: (fest)binden; verpflichten
dīmissūrum: *erg.* sē … esse
litrum (= lytrum): Lösegeld
Caesar, aris *m.*: *hier*: Kaiser (Karl V.)
mittat: *erg.* lēgātōs (Gesandte)
potius *Adv.*: eher, lieber
polluere: besudeln, beflecken
sanguis, inis *m.*: Blut
offendere, fendī, fēnsum: anstoßen; verletzen; beleidigen; auf jdn./etw. stoßen
auris, is *f.*: Ohr
precēs, um *f.*: Bitten
obstruere, strūxī, strūctum: verbauen; verschließen
Aethopēs (= Aethiopēs), um *m.*: Äthiopier; *hier*: Negersklaven
laqueus: Strick, Strang
gula: Kehle
frangere, frēgī, fractum: (zer)brechen;
gulam laqueō frangere alicui: jdn. erdrosseln

Des Uhus Totenklage

Das folgende Gedicht zum Tode Atahuallpas ist ursprünglich in Quechua, der Sprache der Inka, verfasst. Es stammt vermutlich aus der Feder des Kaziken (Dorfvorstehers) einer kleinen Gemeinde in der Nähe von Quito (Ekuador):

Auf dem mächtigen pacay-Baum
heult der Uhu
die Totenklage,
in der dicht belaubten Krone
weint die zarte Taube
gefangen in Bitternis.

Die grausamen Weißen,
die nach Gold verlangen,
fielen über unser Land
wie eine Plage her;
dem Vater Inka
flößten sie Vertrauen ein
und gaben ihm den Tod.

Mit des Pumas Grausamkeit,
mit des Fuchses Gerissenheit
brachten sie ihn um
wie ein sanftes Lama.

Da spaltete der Blitz den Himmel,
Hagel stürzte nieder,
es verschwand die Sonne
und es wurde Nacht.

Und die alten weisen Männer
gemeinsam mit den jungen
begruben sich
von Furcht besiegt.

Wie sollte ich nicht bittre Klage
erheben,
da auf meiner Erde ich
die Fremden seh?

Wir wollen uns vereinen,
wir, die wir allein zurückgeblieben
und Brüder sind,
in der blutüberströmten Ebene
woll'n wir unsern Schmerz beweinen.

1 Von den im Text beschriebenen Vorgängen sind zwei im Bildvorder- und -hintergrund festgehalten. Welche? Zitiere die entsprechenden Stellen des Textes.
2 (a) Welche Hoffnungen verbindet Atahuallpa mit seiner Bitte an Pizarro, »ut ad Caesarem … mittat« (Z. 14)? – (b) Wie schätzt du die Aussichten dieser Hoffnungen ein, nachdem Pizarro bereits »Ferdinandum fratrem … in Hispaniam ablega(vi)t« (Z. 3–5)?
3 (a) Was verraten die Verse der Totenklage über die Stimmung in der indianischen Bevölkerung nach der Ermordung des Inkaherrschers? – (b) Welche Erwartungen hast du angesichts dieser Stimmungslage für den weiteren Verlauf und den Ausgang des Verteidigungskampfes der Inka gegen die Konquistadoren?

12 Die Eroberung von Cuzco

Intellegens Franciscus Pizarrus,
quam opulenta esset urbs Cuzco,
Ingarum imperii regia,
Caxamalcam deserens eo proficiscitur
5 circumspecte tamen iter faciens,
quia Quizquiz,
unus ex primariis Atabalibae praefectis,
magno cum exercitu per eam regionem vagabatur;
a quo aliquot velitationes cum Soto,
10 deinde cum Almagro factae,
in quibus aliquot Hispani, multi vero Indi
ceciderunt circa Vilcas,
quo tandem Pizarrus cum reliquo exercitu
pervenit.
15 Postridie nemine resistente
urbem Cuzco Hispani ingrediuntur
Solisque templum et Guainacapae arcem spoliant.

Inga *m.*: Inka
rēgia: Hofburg; Hauptstadt

circumspectē *Adv.*: umsichtig
quia: weil
prīmārius: vornehmster, bedeutendster
vagārī: umherschweifen/-streifen
vēlitātiō, ōnis *f.*: kleines Gefecht, Geplänkel
factae: *erg.* sunt
vērō *Adv.*: vollends; aber, jedoch
circā + *Akk.*: *örtl.*: um ... herum, in der Nähe von; *zeitl.*: um, gegen
reliquus: übrig
spoliāre: (aus)plündern; berauben

Die Inkastadt Cuzco

Cuzco (in der Quechuasprache Quosqo = »Nabel« der Welt) wurde gegen Ende des 12. Jahrhunderts unter dem ersten – noch mythischen – Inkaherrscher Manco Capac zur Hauptstadt eines Staatsgebildes, das durch Eroberungen bis zum Beginn des 16. Jahrhunderts die riesigen Ausmaße eines »Reiches der vier Weltgegenden« (Tahuantinsuyu) annahm und von Mittelchile über Bolivien, Peru und Ekuador bis nach Südkolumbien reichte.

Der in de Brys Illustration dargestellte Kampfplatz heißt heute »Plaza de Armas«, an dessen südlicher Stirnseite sich der Palast des Inka Huayna Capac (1493–1527), des Vaters von Atahuallpa, befand. Auf den Grundmauern dieses Palastes errichteten die Spanier in der 2. Hälfte des 16. Jahrhunderts ein Kloster (jetzt Universität) und die prächtige Jesuitenkirche »La Compañía«.

Es gehörte zu den Gepflogenheiten der spanischen Eroberer, die Symbole der Inkamacht und der heidnischen Religion zu überbauen und so den Blicken zu entziehen: Der Sonnentempel (Coricancha/Goldhof) wurde nach seiner Zerstörung durch die Spanier im 17. Jahrhundert durch ein Kloster und die dazugehörende Iglesia de Santo Domingo überbaut. Der Hauptaltar befindet sich genau dort, wo einst die goldene Sonnenscheibe und in Nischen die Bilder der wichtigsten Götter sowie die Mumien der verstorbenen Inkaherrscher ihren Platz hatten.

Über die **Sonnenscheibe** berichtet der Inkaforscher William H. Prescott: »Das Innere der Coricancha war ... buchstäblich eine Goldgrube: Auf der westlichen Wand war die Gottheit bildlich dargestellt, ein menschliches Gesicht, aus unzähligen Lichtstrahlen hervorblickend, die von ihm in alle Richtungen ausgingen. ...
Die Figur war auf einer gediegenen und dicht mit Smaragden und Edelsteinen besäten Goldplatte von ungeheurem Umfang eingegraben. Sie war auf solche Weise dem großen östlichen Tor gegenüber angebracht, dass die Strahlen der Morgensonne gerade beim Aufgehen darauf fielen und so den ganzen Raum mit einem übernatürlich scheinenden Glanz erfüllten, der von den goldenen Verzierungen widerstrahlte. ... Gold war in der bildhaften Sprache des Volkes ›von der Sonne geweinte Tränen‹.«

13 Der Aufstand des Manco

Mango,
Guainacapae filius, Atabalibae frater,
cuius capiti Franciscus Pizarrus
diadema imposuerat,
5 clam suos ad rebellionem sollicitat
armaque adversus Hispanos comparat;
cuius rei causa in vincula fuit coniectus
et in arce urbis Cuzco custoditus.

Aliquanto post familiaritatem maiorem
10 cum Ferdinando et Ioanne Pizarris contrahit
ipsosque orat,
(ut) permittant ad sollemne quoddam festum,
quod in Hircay celebratur,
se conferre;
15 fidelem enim in posterum se futurum
et inde solidam ex auro statuam allaturum
patris sui Guainacapae vultum
et magnitudinem referentem.

Dimissus
20 multos ilico satrapas Indos ad se evocat
et ad rebellionem adversus Hispanos faciendam
concitat.

diadēma, atis *n.*: Diadem, Königskrone
rebelliō, ōnis *f.*: Aufstand
adversus + *Akk.*: gegen(über)

vinculum: Band, Fessel
conicere, iō, iēcī, iectum: (zusammen)werfen; vermuten;
in vincula conicere: in Fesseln legen
cūstōdīre: bewachen, gefangen halten;
fuit coniectus et ... cūstōdītus = coniectus et ... cūstōdītus est
aliquantus: ziemlich groß, beträchtlich
familiāritās, ātis *f.*: innige Freundschaft;
familiāritātem contrahere: freundschaftliche Bande knüpfen
sollemnis, e: feierlich, festlich
fēstum: Fest(tag), Feier
Hircay *undeklinierbar*: Quechua-Bezeichnung für Gebirge*
celebrāre: häufig besuchen; feiern
posterus: (nach)folgend, später;
in posterum: für die Zukunft
solidus: dicht, gediegen, massiv
statua: Standbild, Statue
futūrum et ... allātūrum: *erg.* esse
māgnitūdō, inis *f.*: Größe; *hier*: Lebensgröße
referre: *hier*: wiedergeben; abbilden
īlicō *Adv.*: auf der Stelle, sofort
satrapa *m.*: Statthalter, Provinzfürst
ēvocāre: herausrufen; beordern
concitāre: bewegen; anfeuern, aufwiegeln

---

* In den nahen Bergen nördlich von Cuzco, vornehmlich im Vilcanota-Urubamba-Tal, befanden sich einige beliebte Kult- und Badeorte, welche die Inka gern zur Teilnahme an religiösen Festen oder zur Erholung aufsuchten. Ein reizvolles Städtchen, das von Manco Capac II. mit Palästen und Kultstätten reich ausgestattet war und nur 68 km von Cuzco entfernt lag, war Yucay, auf das sich die Bemerkung des Inka beziehen könnte.

Abwehrkampf und gewalttätiges Ende der Inka

Die Unterwerfung des Inkareiches war mit der Ermordung Atahuallpas nicht abgeschlossen. Rund 40 Jahre dauerte der Abwehrkampf der Heerführer Atahuallpas (vgl. Quizquiz, Text 12) und seiner Nachfolger. Über acht Monate zog sich die Belagerung Cuzcos durch Manco Capac II. hin, bei der auch einer der Pizarro-Brüder, Juan, umkam. Trotz ihrer zahlenmäßigen Überlegenheit gelang es den Inka aber weder Cuzco noch Lima einzunehmen. Manco Capac II. musste sich ins schwer zugängliche Bergland der Anden, nach Vitcos im Vilcabamba-Tal, zurückziehen, wo er Jahre später ermordet wurde.
Erst 1572 gelang es den Spaniern mithilfe einheimischer, im Dschungelkampf erprobter Truppen, den letzten Inkaherrscher, Tupac Amaru, in die Flucht zu schlagen und gefangen zu nehmen. Man schleppte ihn im Triumphzug – an einer goldenen Kette, die man ihm um den Hals geschlungen hatte – nach Cuzco und verurteilte ihn (nach einer »Zwangstaufe«) zum Tode. Auf der Plaza de Armas (vgl. Abbildung und Informationstext S. 27) musste er das Schafott besteigen.

Die Zeichnung von der Hinrichtungsszene ist der »Chronik« (Nueva Crónica y Buen Gobierno, 1614) des Felipe Huamán Poma de Ayala entnommen, der von hohen Beamten des Inka abstammte.
Vor seinem gewaltsamen Ende sprach Tupac Amaru zur Menge, die etwa 10–15000 Indios umfasst haben soll. Ein Chronist berichtet:
»Augenblicklich hörte das Schreien und Jammern auf, und es herrschte absolute Stille, als atme auf dem Platz kein lebender Mensch. Eine solche geistige Macht übte noch das inkaische Königtum auf seine Untertanen aus. Nach der Exekution wurde das Haupt Tupac Amarus allen Umstehenden gezeigt. Da begann das Weinen und Klagen aufs Neue und schwoll zu einer Stärke an, wie sie niemand sich vorstellen kann, der es selbst nicht gehört hat. Man stellte den Kopf auf dem Pfeiler aus. Dort blieb er aber nur bis zum nächsten Abend. Dann ließ ihn der Vizekönig Francisco de Toledo herunternehmen; denn eine beängstigende Anzahl von Indios verharrte auf dem Platz in Anbetung des verehrten Hauptes, ohne zu essen, und wollte sich nicht von ihm trennen.«

1 *Vor der Übersetzung:* Erarbeite aus dem Text Informationen zu folgenden Fragen: (a) Wer war Manco? – (b) In welcher Beziehung stand er zu Francisco sowie zu Fernando und Juan Pizarro? – (c) Welche Handlungen gehen von ihm aus? – (d) Welche Zielrichtung haben diese Handlungen?

14 Der Reiteroberst Godoy und die Entscheidungsschlacht von Cuzco

Marchionem Franciscum Pizarrum
intellecta Mangonis Ingae rebellione
magna incessit sollicitudo;
itaque tribunum Franciscum Godoy ablegat
5 cum quadraginta equitibus,
qui certi quidpiam perdisceret.

Is in angustiis quibusdam viarum
in Indorum insidias incidit
et undique ab illis cinctus
10 omnes suos amittit;
ipse generosi et pernicis equi auxilio
periculum evadit
atque ad Pizarrum revertens
Hispanos quosdam in itinere offendit,
15 a quibus edoctus,
quae in Cuzco accidissent,
Limam rediit.
Pizarrus his auditis
undequaque auxilia accersit.

20 (Hispani) Cuzco vicini facti
Indos adgrediuntur,
qui plurimis suorum amissis
in fugam se coniciunt.

marchiō, ōnis *m.*: Markgraf, *span.:* Marqués *(offizieller Titel Francisco Pizarros)*
rebelliō, ōnis *f.*: Aufstand
incēdere, cēssī, cēssum: einhergehen; befallen
sollicitūdō, inis *f.*: Unruhe, Sorge
quadrāgintā: vierzig
quispiam, quidpiam: (irgend)jemand, (irgend)etwas
perdīscere: sorgfältig erkunden
angustiae, ārum *f.*: Engpass; Not

cingere, cīnxī, cīnctum: (um)gürten; umgeben, umzingeln
generōsus: edel, vorzüglich
pernīx, īcis: schnell, flink

ēdocēre, docuī, doctum: benachrichtigen
accidere, cidī: sich ereignen; widerfahren
undequāque *Adv.*: von allen Seiten
auxilia, ōrum *n.*: Hilfstruppen
accersere = arcessere, īvī, ītum: herbeirufen, aufbieten
vīcīnus fierī alicui (reī): in die Nähe jds./einer Sache kommen, sich nähern
adgredī = aggredī, ior, gressus sum: angreifen
plūrimī, ae, a (*Superlativ/Elativ zu* multī, ae, a): die meisten, sehr viele
fuga: Flucht;
in fugam sē conicere: hastig die Flucht ergreifen

Späte Erkenntnis

Der Dominikanerpater Vicente de Valverde (vgl. Texte 6 und 7), der mit Francisco Pizarro 1533 nach Cuzco gekommen war und 1538 als Bischof dorthin zurückkehrte, schreibt in einem Brief an Kaiser Karl V.:

»Ich traf in Cuzco ein am Montag, dem 28. Novermber 1538. Der Gobernador Don Francisco Pizarro und die Stadtbevölkerung empfingen mich mit großer Freude. ... Ich versichere E. M. (Euer Majestät), wenn ich nicht die Stelle genau gewusst hätte, wo die Stadt liegt, so hätte ich sie nicht wiedererkannt, so schlimm sahen die Gebäude und Vororte aus. Als der Gobernador Don Francisco Pizarro hier einmarschierte und ich mit ihm, war das Tal im Umkreis der Stadt voller schöner Gebäude und Ortschaften, wirklich der Bewunderung wert. ... Jetzt ist der größte Teil der Stadt zerstört und verbrannt ...; von den Ortschaften im Umkreis stehen nur noch die nackten Mauern, und es kommt einem wie ein Wunder vor, wenn man ein Haus mit Dach sieht. ... Ich weiß, dass die Habgier der Spanier in diesem Land ungeheuer ist, und sicher werden sie demnächst bei E. M. vorstellig werden, sie möge erlauben, in diesem Land Sklaven zu halten, die Indios zu Trägerdiensten heranzuziehen, sie von ihren Wohnsitzen zu verschleppen, in die Minen zu schicken und ihnen keinerlei Freiheit zu gewähren. ... Diejenigen Spanier, die auf diese Weise nicht genug bekommen können, sollen sich Neger kaufen und diese in die Minen schicken.«

1 *Vor der Übersetzung:* Der Ablauf der Ereignisse um den Reiteroberst Godoy wird im Folgenden durch eine Reihe von Einzelinformationen »im Telegrammstil« vermittelt:

(A) – Tribunus a Francisco Pizarro res in urbe Cuzco gestas perdiscere iubetur.
 – Cum quadraginta equitibus Lima proficiscitur.
 – In angustiis quibusdam viarum in Indorum insidias incidit.
(B) – Ab hostibus cingitur.
 – Omnes suos amittit.
 – Auxilio equi generosi periculum evadit.
(C) – Ita mandata Pizarri perficere prohibetur.
 – Infecta re (unverrichteter Dinge) ad Pizarrum revertitur.
 – In itinere Hispanos quosdam offendit.
(D) – Ab illis edocetur, quae in Cuzco accidissent.
 – Quam celerrime Limam redit.
 – Pizarro res auditas nuntiat.

(a) Übersetze diese Kurzinformationen mithilfe der Vokabelangaben zum Text. – (b) Verknüpfe die Einzelsätze zu einem Text, indem du die beiden ersten Sätze jeder Informationseinheit (A-D) dem jeweils dritten durch Nebensatz und/oder Partizipialkonstruktion unterordnest. – (c) Vergleiche deinen Text mit der Originalversion und übersetze diese.

2 Auf welchen Textabschnitt bezieht sich die Illustration? Zitiere die Stelle.

3 Vergleiche die Aussagen des Briefes von Valverde mit seinen früheren Aussagen, wie er sie (in Text 6) über die »spanische Mission« in Lateinamerika geäußert hatte: Darf man dem Pater/Bischof einen glaubhaften Sinneswandel attestieren?

15 Konflikte zwischen Konquistadoren …

Reversus e Chilensi expeditione
Almagrus Cuzco urbem noctu occupat
et Ferdinandum Pizarrum ex Hispania reducem,
qui urbis aditu illum prohibere voluerat,
5 cum Gonsalvo fratre in vincula conicit.
Qua re a marchione Francisco Pizarro intellecta
exercitum conscribit adversus Almagrum;
sed monachorum et aliorum quorundam
magnae auctoritatis virorum interventu
10 condiciones proponuntur
ad ipsos reconciliandos:

ut videlicet uterque exercitum dimittat,
Almagrus Ferdinandum Pizarrum e vinculis solvat
(ante enim corruptis custodibus
15 Gonsalvus e vinculis evaserat)
utque in Mala conveniant singuli
cum decem equitibus dumtaxat
ad pacem sanciendam.

Almagro Malam profecto,
20 ut dictum erat,
Gonsalvus in itinere struit insidias.
Almagrus ea re intellecta
Cuzco regreditur
militemque cogit ad se tuendum
25 multumque conquestus de Pizarri perfidia,
tum de monachis,
qui similes condiciones proposuissent.

Chīlēnsis, e: chilenisch, in/nach Chile
redux, ucis: zurückgekehrt, nach der Rückkehr
aditus, ūs *m.*: Zugang
vinculum: Fessel; Gefängnis, Haft
quā rē: 1. *interrog.*: wodurch 2. *rel. Anschluss:* daher
cōnscrībere, scrīpsī, scrīptum: verfassen; einschreiben, ausheben
interventus, ūs *m.*: *hier*: Vermittlungsversuch, Intervention
prōpōnere, posuī, positum: (öffentlich) vorlegen; vorschlagen
reconciliāre: wieder vereinigen, aussöhnen
uterque, utraque, utrumque (*Gen.*: utriusque, *Dat.*: utrīque): jeder von beiden, beide
corrumpere, rūpī, ruptum: verderben; bestechen
cūstōs, ōdis *m.*: Wächter, Aufseher
singulī, ae, a: einzeln, je einer, allein
dumtāxat *Adv.*: höchstens, nur
sancīre, sānxī, sānctum: heiligen; festsetzen; bestätigen;
pācem sancīre: dauerhaften Frieden schließen
struere, strūxī, strūctum: schichten, (er)bauen;
īnsidiās struere: einen Hinterhalt legen
regredī: sich zurückziehen
tuērī, tutātus sum: (be)schützen, verteidigen
conquerī, questus sum: sich heftig beklagen;
conquestus: *erg.* est
similis, e: *hier*: derartig

Pascual de Andagoya, ein Zeitzeuge, der selbst (vom Jahre 1546 an) in die Machtkämpfe der Konquistadoren in Peru verwickelt war, stellt die im Text geschilderten Ereignisse etwas anders dar:

»Der Adelantado (spanischer Verwaltungsbeamter mit richterlicher und militärischer Befugnis) Diego de Almagro war mit etwa 600 Mann und einer großen Anzahl von Indios von Cuzco aufgebrochen, und Huillcauma, ein Bruder des Inka (Manco Capac II.), den die Indios als eine Art Papst hatten, begleitete ihn nach den Provinzen von Chile, das in seine Statthalterschaft fiel. Da er aber … durch Meldungen der Indianer erfuhr, dass Cuzco in ihrer Hand und die dort verbliebenen Christen getötet seien, kehrte er um, doch als er in Cuzco eintraf, hatten die Indios … schon vom Krieg abgelassen. In Cuzco fand er Hernando Pizarro vor; er schickte Abgesandte zu ihm … mit der Aufforderung, ihn zu empfangen, da diese Stadt in seine Statthalterschaft falle, was Hernando Pizarro aber bestritt. Schließlich zog Almagro dennoch in Cuzco ein; Pizarro zog sich in ein befestigtes Haus zurück und wurde darin gefangen genommen; man machte ihm den Prozess, weil er die Ursache der Erhebung des Inka (Manco Capac II.) und anderer schlimmer Dinge gewesen sei. Almagro beschloss aber auf das Eingreifen einiger Persönlichkeiten hin, Hernando nach Chincha (peruanische Küstenstadt südlich von Lima) zu bringen, wo sich der Statthalter Pizarro aufhielt. Dort wurde Hernando Pizarro unter einigen Übereinkünften freigelassen. Als er sich aber in Freiheit befand, wurde nicht nur das unter ihnen Vereinbarte nicht gehalten, sondern Almagro erfuhr auch, dass man ihn gefangen nehmen wolle, und kehrte nach Cuzco zurück.«

1 Welchen inhaltlichen Zusammenhang siehst du zwischen Text 15 und den Texten 1 und 3 (vgl. Aufgabe 2 zu Text 3)?

2 Versetze dich in die Rolle eines Historikers, dem für eine Darstellung der tatsächlichen Ereignisse de Bry und de Andagoya als einzige Quellen zur Verfügung ständen. Wie sähe deine Darstellung aus?

3 Der Aussöhnungsvorschlag, den die »Mönche und anderen Autoritätspersonen« den Konfliktparteien vorlegten, könnte folgende Bestimmungen enthalten haben:
 – Utrique parti exercitus dimittendus est.
 – Alter alteri humaniter et sine fraude habendus est.
 – Almagro frater Pizarri e vinculis solvendus est.
 – Ad pacem sanciendam et Almagro et Pizarro Malam conveniendum est.
 – Decem dumtaxat equites utrique eo adsumendi sunt.
(a) Übersetze diese Bestimmungen mithilfe der Vokabelangaben zum Text. – (b) Welche grammatische Form beherrscht den Regelkatalog? – (c) Welchen Satzteil stellt diese Form dar? – (d) Was drückt die Form in dieser syntaktischen Funktion aus? – (e) Ein Beispiel weicht von der hier dominierenden Verwendungsweise ab. Welches? – (f) Bestimme auch hier Satzteil und Aussagefunktion der Form. – (g) Nenne zwei weitere Beispiele dieser Verwendungsweise aus dem Text.

16 … und deren blutiges Ende

Marchio metuens,
ne Almagrus ira percitus
Ferdinandum Pizarrum fratrem,
quem captivum detinebat,
5 neci daret
statim Iacobum Alvaradum ad eum ablegat,
qui affirmaret
marchionem minime conscium esse eorum,
quae Gonsalvus frater temptasset.

10 Almagrus,
tametsi marchionis fides ei valde suspecta esset,
precibus tamen Alvaradi evictus
propositas condiciones accipit
et Ferdinandum liberum dimittit.
15 **Marchio** recepto fratre
**toties datam fidem frangit
et Almagro significat,**
(ut) Cuzco volens excedat,
sin minus
20 vi (se) ipsum inde expulsurum.

Uterque se ad proelium accingit:
Marchio suis militibus Ferdinandum fratrem praeficit;
proelium committitur,
25 vincitur Almagrus,
captumque Ferdinandus in carcerem conicit,
deinde mortis sententia in ipsum pronuntiata
illi gulam in carcere frangi iubet,
postremo cadaveri in publicum producto
30 cervices praescindi.

percitus: erregt, aufgebracht
dētinēre, tinuī, tentum: fest-/abhalten; beschäftigen
nex, necis *f.*: Mord, Tod;
necī dare: hinrichten
minimē *Adv.*: am wenigsten; keineswegs
cōnscius: mitwissend, bewusst, *in etw.* eingeweiht
temptāre: betasten; versuchen; temptāsset = temptāvisset
tametsī: obgleich
suspectus: mit Argwohn betrachtet, verdächtig
ēvincere, vīcī, victum: völlig besiegen; bewegen, überreden

totiē(n)s *Adv.*: so oft

excēdere, cēssī, cēssum: hinausgehen, sich entfernen
sīn: wenn aber;
sīn minus: wenn aber nicht, andernfalls
sē accingere: sich *zu etw.* gürten/rüsten
praeficere, iō, fēcī, fectum: an die Spitze stellen, den Oberbefehl *über jdn./etw.* geben
carcer, eris *n.*: Gefängnis, Kerker
sententia: *hier*: Urteil(sspruch)
prōnūntiāre: verkünden
gula: Kehle;
gulam alicui frangere: jdn. erdrosseln
cadāver, eris *n.*: Leiche
pūblicum: öffentlicher Platz, Öffentlichkeit
prōdūcere, dūxī, ductum: vorführen; (hin)bringen; hervorbringen
cervīx, īcis *f.*: Hals, Nacken
praescindere: (vorn) zerschneiden;
cervīcēs alicui praescindere: jdn. köpfen

1 *Vor der Übersetzung:* (a) Vergegenwärtige dir noch einmal die Ausgangssituation (Text 15): Welches Hauptproblem bleibt aus der Sicht Francisco Pizarros ungelöst? – (b) Wo kommt dieses Problem in unserem Text zur Sprache? Zitiere die Stelle. – (c) Versuche, Ansätze der Problemlösungsstrategie aus der Abfolge der Hauptaussagen zur handlungsbestimmenden Person (marchio) zu ermitteln. – (d) Schließe die noch offenen Verständnislücken, indem du folgende (von den Hauptaussagen ausgehende) Fragen beantwortest:
– Wen entsendet (ablegat) Francisco Pizarro wohin mit welcher Botschaft?
– Was ist der Inhalt seines »Ultimatums« (significat)?
– Wen betraut er mit dem Oberbefehl (praeficit)? Welche Folgen hat diese Maßnahme?

2 (a) Auf welchen Textabschnitt bezieht sich die Illustration? Zitiere die Stelle. – (b) Almagro findest du fünfmal abgebildet. Identifiziere die Person und umschreibe den jeweils dargestellten Vorgang mithilfe des Textes durch je einen lateinischen Satz. – (c) Wen will de Bry mit den drei (unbeteiligten) Personen im Bildhintergrund darstellen?

17 Die Rachepläne des jungen Almagro

In urbem reversus e Cuzco
Franciscus Pizarrus cum Almagro iuniore
in gratiam redire cupiebat,
sed inanem sumebat operam;
5 nam ille vindictam sumere de patris morte
omnino constituerat.
Admonetur Pizarrus,
(ut) vitae suae consulat;
nam haud dubie Almagristas in ipsius necem
10 conspirasse.

Ille nimis confidenter respondit
eorum capita suum conservatura.

Coniurati statuunt
ipsum die Divo Ioanni sacro in templo occidere;
15 unus e coniuratis
parocho summi templi coniurationem indicat;

is illa ipsa nocte
dissimulato habitu
secretarium Antonium Picatum adit
20 certioremque facit de his,
quae intellexisset,
ille porro Pizarrum,
qui constituto die templum non accedit.

urbs, urbis *f.*: *hier:* Hauptstadt (Lima)
iūnior, is (*Komparativ zu* iuvenis): jünger
inānis, e: leer; eitel, unnütz;
inānem operam sūmere: sich vergebliche Mühe machen
vindicta: Befreiung; Strafe, Rache
admonēre, monuī, monitum: erinnern, (er)mahnen
haud: nicht;
haud dubiē: zweifellos
Almagrista *m.*: Anhänger Diego Almagros
cōnspīrāre in aliquid: sich zu etw. zusammenrotten/verschwören
nimis *Adv.*: zu (sehr); überaus
cōnfīdēns, entis: selbstsicher
suum: *erg.* caput
cōnservāre: retten, bewahren
coniūrātus: Verschwörer
statuere, uī, ūtum: aufstellen; festsetzen, beschließen
Dīvus Iōannēs, Dīvī Iōannis: der hl. Johannes
occīdere, cīdī, cīsum: niederhauen, töten
parochus: *hier:* Pfarrer
coniūrātiō, ōnis *f.*: Verschwörung, Komplott
indicāre: anzeigen, verraten
dissimulāre: so tun, als ob nicht; verheimlichen
habitus, ūs *m.*: Haltung, Aussehen; Kleidung;
dissimulātō habitū: in Verkleidung/Vermummung
sēcrētārius: Sekretär
aliquem certiōrem facere dē aliquā rē: jdn. über etw. benachrichtigen/informieren
Pizarrum: *erg.* certiōrem facit

Gebrauch der Tempora in Erzähltexten

I. Präsens	a) für Ereignisse der Gegenwart (»echtes« Präsens)
	b) für Ereignisse der Vergangenheit, die sozusagen »vergegenwärtigt« werden (»historisches« Präsens)
II. Perfekt	a) für abgeschlossene Vorgänge der Vergangenheit, deren Ergebnisse in der Gegenwart fortbestehen(»resultatives« Perfekt)
	b) für einmalige Ereignisse der Vergangenheit (»historisches« Perfekt)
III. Imperfekt	a) für Dauerhandlungen oder Zustände der Vergangenheit (»duratives« Imperfekt)
	b) für gewohnheitsmäßig wiederholte Handlungen der Vergangenheit (»iteratives« Imperfekt)
	c) für Handlungen, die nicht zum Abschluss kamen, weil sie im Ansatz oder Versuch stecken blieben (»imperfectum de conatu«)
IV. Plusquamperfekt	für Ereignisse/Vorgänge, die im Verhältnis zu einer anderen (ausdrücklich genannten oder aus dem Zusammenhang zu ergänzenden) Handlung der Vergangenheit als abgeschlossen (vorzeitig) gedacht sind

1 Ordne die Prädikate der Hauptsätze des Textes (in der Reihenfolge ihres Vorkommens) den o.a. Kategorien zu.

2 (a) Welche neue Machtkonstellation bildet sich nach der Hinrichtung Diego Almagros d. Ä. in Lima heraus? – (b) Ordne die im Text genannten Personen den Konfliktparteien (bzw. einer neutralen Position) zu:

– Franciscus Pizarrus (Z. 2, 7, 22)
– Almagristae (Z. 9)
– eorum (capita) (Z. 7)
– coniurati (Z. 13, 15)
– parochus (Z. 16)
– secretarius Antonius Picatus (Z. 19)

(c) Was will Francisco Pizarro mit der Bemerkung »eorum capita suum conservatura« (Z. 12) ausdrücken? – (d) Wie schätzt du seine Vorbeugemaßnahmen ein?

3 Entwirf anhand der Informationen aus den bisherigen Texten ein kurzes Charakterbild Francisco Pizarros.

18 Intrigen und Mord: das Ende des Francisco Pizarro

Ioannes de Rada,
vafri vir et acris ingenii
nec minus strenuus,
confestim sub meridiem hora prandii
5 Pizarri aedes petit
assumptis secum
undecim coniuratis bene armatis,
qui eductis gladiis
identidem alta voce clamarent:
10 »moriatur tyrannus, moriatur proditor!«

Pizarrus strepitum exaudiens
aedium fores occludi iubet.
Chaves existimans
(se) sua auctoritate
15 coniuratos reprimere posse
ianuam aperit et loqui exorsus
statim confoditur.
Simulque aedes ingrediuntur **coniurati**,
quorum impetum soli septem,
20 qui Pizarro aderant,
aliquamdiu sustinuerunt.
Quibus occisis
Pizarrus solus diu adhuc coniuratis restitit,
donec accepto in iugulo vulnere concideret.

vafer, fra, frum: schlau, verschlagen
ingenium: Anlage, Begabung; Verstand
minus *Adv.*: weniger, minder
strēnuus: tatkräftig, entschlossen
sub + *Akk.*: *örtl.:* unter ... hin; *zeitl.:* gegen
merīdiēs, ēī *m.*: Mittag
prandium: Frühstück
petere: *hier:* sich (eilends) hinbegeben
sēcum: mit sich
ūndecim: elf
armāre: *zum Kampf* rüsten, bewaffnen
ēdūcere, dūxī, ductum: herausführen; herausziehen, zücken
identidem *Adv.*: immer wieder
altus: hoch; tief; laut
morī, ior, mortuus sum: sterben
tyrannus: Gewaltherrscher, Tyrann
prōditor, ōris *m.*: Verräter
exaudīre: deutlich hören/vernehmen
foris, is *f.*: Türflügel
occlūdere: verschließen
exīstimāre: (ein)schätzen; meinen
reprimere: zrrückdrängen, aufhalten
iānua: (Haus-)Tür, Tor
exōrdīrī, ōrsus sum: anfangen, beginnen
cōnfodere: durchbohren, niederstechen

septem: sieben

aliquamdiū *Adv.*: eine Zeit lang
sustinēre, uī: aushalten; aufhalten
adhūc *Adv.*: bis jetzt; (immer) noch
iugulum: Kehle; Hals
concidere, cidī: niederstürzen; *im Kampf* fallen

Francisco Pizarro

Verscharrt wie ein Verbrecher

»Die Leichen Pizarros und seiner Getreuen blieben in ihrem Blute liegen, wo sie lagen. Fanatiker verlangten, man solle den toten Löwen köpfen und den Kopf am Galgen ausstellen, aber Freunde des Toten bewogen Almagro, ein stilles Begräbnis an angemessenem Ort zu gestatten. Ein treuer Diener, dessen Frau und drei Mohren, die zu Pizarros Haushalt gehörten, wickelten ihren ermordeten Herrn in ein großes Tuch und trugen ihn bei Anbruch der Nacht in die Stiftskirche. In einem Winkel war eiligst ein Grab ausgehoben worden. Der Hausgeistliche sprach ein kurzes Gebet, und beim Schimmer von ein paar armseligen Wachskerzen fand der bisher so Gewaltige ohne Prunk und Pracht seine letzte Ruhestätte.«
Aus einer zeitgenössischen Darstellung des Geschehens

1 *Vor der Übersetzung:* (a) Vergegenwärtige dir noch einmal die Ausgangssituation (Text 17): Wie weit sind die Verschwörerpläne gediehen? – (b) Ordne in Text 18 den Akteuren (Fettdruck) die Informationen der jeweiligen Abschnitte zu und gib sie mit eigenen Worten wieder.

2 (a) Welchen Moment der geschilderten Ereignisse stellt der Bildvordergrund dar? – (b) Versuche einzelne im Text genannte Personen(gruppen) und Situationen zu identifizieren.

19 Pedro de la Gasca: Friedensstifter und Menschenschinder

Um die nach Francisco Pizarros Ermordung erneut aufflammenden Machtkämpfe zwischen den Konquistadoren einzudämmen und den selbstherrlichen Gouverneur, Gonzalo Pizarro, zur Unterwerfung unter die kaiserliche Autorität zu zwingen, entsandte der spanische Hof Pedro de la Gasca als Beauftragten im Rang eines »Präses« (»Vorsitzender der kaiserlichen Audiencia«) mit umfassenden Vollmachten nach Peru.

Rebus omnibus ad profectionem paratis
(praeses Gasca) Trugillo discedit
cum universo exercitu
et magno Indorum numero
5 ad impedimenta ferenda:
erant autem illi omnes catenis vincti,
ne diffugerent,
atque illorum nonnulli
adeo gravibus oneribus pressi,
10 ut vix pedibus consistere possent.

profectiō, ōnis *f.*: Abreise, Abmarsch
praeses, idis *m.*: Vorsitzender
ūniversus: gesamt; allgemein
impedīmenta, ōrum *n.*: (Heeres-)Gepäck, Bagage
catēna: Kette, *eiserne* Fessel
vincīre, vīnxī, vīnctum: (fest)binden, fesseln
diffugere: entfliehen

onus, eris *n.*: Last, Ladung
premere, pressī, pressum: drücken, pressen; beladen
vix *Adv.*: kaum, mit Mühe
cōnsistere, stitī: sich aufstellen, Halt machen, stehen (bleiben)

Immites nihilominus Hispani
eos crudeliter concidebant:
quotquot colla catenis vincta habebant,
ne ferro adimendo tempus perderent,
15 capita praecidebant,
vel si funibus dumtaxat erant colligati,
gladiis confodiebant;

cum quibus mitius agebatur,
iis nares, aures, bracchia vel poplites
20 succidebantur
et ita mutili relinquebantur.

immītis, e: hart, grausam, roh
nihilōminus *Adv.*: nichtsdestoweniger, trotzdem
concīdere, cīdī, cīsum: niederhauen
quotquot: wie viele auch immer; alle, die
collum: Hals
praecīdere: (vorn) abhauen
fūnis, is *m.*: Seil, Strick, Tau
dumtāxat *Adv.*: höchstens, nur
colligāre: fesseln
cōnfodere: niederstechen
mītis, e: mild, sanft; gnädig
nārēs, ium *f.*: Nase
bracchium: Arm
poples, itis *m.*: Knie(kehle)
succīdere: ab-/durchschneiden
mutilus: verstümmelt

1 Poma de Ayala hat in zahlreichen Zeichnungen seiner Chronik (vgl. S. 29) die Demütigungen und Torturen geschildert, unter denen die indianische Bevölkerung seiner Zeit zu leiden hatte. (a) Welche der Darstellungen Ayalas bezieht sich auf den gleichen Vorgang wie die Textillustration? – (b) Ordne folgende lateinische Bildunterschriften den passenden Bildern zu: Monachus quidam in officina textilium (Textilfabrik) feminam seniorem ad laborem incitat. – Miles Hispanus baiulum (Lastträger) manibus pedibusque vexat. – Hispanus nobilis a servis Indis lectica (Sänfte) per urbem fertur. – Magistratus Hispanus praefectum Indorum per Aethiopem (Negersklave) verberari iubet.

20 Unrühmliches Ende einer Ära

Gonsalvus Pizarrus vincitur, capitur & supplicio afficitur.

Svperato non sine difficultate Apurima flumine, Præses de committenda pugna seriò cogitat, & oratione ad suos milites habita, strenuè sese gerant, adhortatur, magna præmia pollicitus. Contra Pizarrus Cuzco egressus, ex adverso castra figit. Altero die pugnæ signum datur: deserunt interea plerique Pizarrum, & inter cæteros Auditor Cepeda. Pizarrum valdè commovit, & ejus militum animos valdè fregit istorum fuga, præsertim Cepedæ: nihilominus suos hortatus, eos in aciem distribuit. Aenea tormenta interea disploduntur, quæ magnam faciunt stragem, præsertim Præsidis Gascæ in Pizarri milites: quorum magna pars fugiens ad Præsidis castra se contulit: plerique etiam abjectis armis negarunt se pugnaturos. Hac ratione brevi solutus est universus Pizarri exercitus, & attonitus remansit ipse Pizarrus cum Tribunis ipsi fidis, quia neque pugnare potuerunt, neque fugere voluerunt. Conspiciens autem Villavincentium, interrogat, quis sit: respondenti se primarium esse Centurionem Cæsarei exercitus: & ego, inquit, sum infortunatus Gonsalvus Pizarrus, simulq́; cum dicto ensem illi tradit. Valdè sibi gratulatus est tali captivo Villavincentius, statimq́; illum, uti armatus erat, ad Præsidem Gascam duxit: is porrò Jacobo Centeno custodiendum tradit; Postridie datum mandatum Licenciato Cianca, & Præfecto Castrorum Alvarado, ut de captivis cognoscerent & supplicium sumi curarent. Pizarro fuerunt cervices præcisæ, & caput in Regum-civitatem delatum, marmoreǽq; columnæ impositum, ferreáreti inclusum, cum hac inscriptione: Hoc caput est proditoris Gonsalvi Pizarri, qui in valle Xaquixaguana, acie adversus Cæsarea vexilla decertare non dubitavit. Illo sublato, Præses Gasca Cuzco profectus est, Pizarríq́;, & aliorum proditorum ædes dirutæ & sale conspersæ, lapis item subrectus cui inscriptum erat: Istæ ædes fuerunt proditoris Gonsalvi Pizarri.

difficultās, ātis *f.*: Schwierigkeit
praeses, idis *m.*: Vorsitzender (Titel Pedro de la Gascas)
sēriō *Adv.*: im Ernst, ernsthaft
strēnuus: tatkräftig, wacker, entschlossen
sēsē gerere: sich verhalten
contrā *hier Adv.*: gegenüber, auf der Gegenseite
ēgredī, ior, gressus sum: hinausgehen; ausrücken
adversus: gegenüberliegend, entgegengesetzt; ex adversō: *erg.* locō
fīgere, fīxī, fīxum: (an)heften; errichten
plērīque, plēraeque, plēraque: die meisten
audītor, ōris *m.*: *hier*: hoher Richter, *span.*: Oidor (Mitglied einer Audiencia)
praesertim *Adv.*: zumal, vor allem
hortārī: ermuntern, ermahnen
aēneus: ehern, aus Erz/Metall
displōdere: zersprengen; *Pass.*: bersten; *hier*: losdonnern
strāgēs, is *f.*: Verheerung, Blutbad
praesertim praesidis Gascae: *erg.* tormenta
remānēre, mānsī, mānsum: zurückbleiben
prīmārius: vornehm, vortrefflich
centuriō, ōnis *m.*: Zenturio, Hauptmann; *hier*: Hauptfeldwebel
Caesareus: *hier*: kaiserlich
īnfortūnātus: unglücklich
ēnsis, is *m.*: Schwert, Degen

uti = ut;
uti armātus erat: bewaffnet, wie er war; in voller Waffenrüstung
cūstōdīre: (be)wachen, beaufsichtigen
mandātum: Auftrag, Weisung
licenciātus Lizenziat (*Inhaber eines akademischen Grades mit Lehrbefähigung*)
cōgnōscere dē aliquō: jdn. verhören
supplicium: Todesstrafe, Hinrichtung
cervīcēs alicui praecīdere: jdn. köpfen
Rēgum-cīvitās, ātis *f.*: Stadt der Könige (*Lima*)
marmoreus: marmorn, aus Marmor
columna: Säule, Pfeiler
ferreus: eisern, aus Eisen
rēte, is *n.*: Netz
inclūdere, sī, sum: einschließen; (hin)einfügen
īnscrīptiō, ōnis *f.*: Inschrift
vallis, is *f.*: Tal;
vēxillum: Fahne, Standarte
dēcertāre: bis zur Entscheidung kämpfen
dīruere, ruī, rutum: niederreißen, zerstören
sāl, salis *m.*: Salz
cōnspergere, rsī, rsum: besprengen, bestreuen
lapis, idis *m.*: Stein; (steinernes) Mahnmal
item *Adv.*: ebenso, auch
subrigere, rēxī, rēctum: aufrichten
īnscrībere, scrīpsī, scrīptum alicui reī: in/auf etw. schreiben/als Inschrift setzen

1 Zum Abschluss dieses Heftes wird dir die Lösung einer anspruchsvollen Aufgabe zugemutet, nämlich eine Originalseite des Werks von Theodor de Bry inhaltlich und sprachlich zu erarbeiten. Dieser Aufgabe solltest du dich in mehreren Schritten, etwa den folgenden, annähern: (a) Stelle eine leserliche Abschrift des Originaltextes in der uns geläufigen lateinischen Orthographie und Interpunktion her. Berücksichtige dabei auch deine Beobachtungen gemäß Aufgabe 3 zu Text 1. – (b) Verschaffe dir einen Überblick über die inhaltlichen Schwerpunkte des Textes, indem du die (drei) in der Überschrift genannten Vorgänge in der Illustration identifizierst. – (c) Erschließe die Informationen des Textes mithilfe der Vokabelliste (und des Eigennamenverzeichnisses) »Stück für Stück«, d.h. in der Abfolge der Sinneinheiten, wobei du dich fast durchgehend an den Satzzeichen des Originals orientieren kannst. – (d) Bringe die Ergebnisse deiner Texterschließung in die Form einer Übersetzung oder einer Reportage vom Schauplatz des Geschehens (mit beliebigen fantasievollen Erweiterungen und dramatischen Zuspitzungen).

Erklärendes Verzeichnis der Eigennamen

Mārtīnus dē Alcantara: Francisco Martín de Alcántara, Halbbruder Francisco Pizarros, dem er sich 1529 auf der Rückreise von Spanien nach Panama anschloss.

Iacōbus Almagrus (sēnior): Diego de Almagro d. Ä., Konquistador, Partner Francisco Pizarros bei der Planung und Durchführung der Eroberung des Inkareichs, später in Auseinandersetzungen mit den Pizarrobrüdern verwickelt und 1538 in Cuzco hingerichtet.

Iacōbus Almagrus (iūnior): Diego de Almagro d. J., Sohn des Vorigen, Mestize, führender Kopf bei den Umsturzversuchen gegen Francisco Pizarro, den er nach dessen Ermordung (1541) als Gouverneur ablöste; 1542 in Cuzco hingerichtet.

Alvaradus (praefectus castrōrum): Alonso de Alvarado, Konquistador, einer der Unterführer Francisco Pizarros, später Lagerkommandant der kaiserlichen Truppen unter Pedro de la Gasca beim Sieg über Gonzalo Pizarro im Jaquijaguana-Tal (1548).

Iacōbus Alvaradus: Diego de Alvarado, spanischer Edelmann, der sich im Konflikt zwischen Almagro und den Pizarrobrüdern (1537/38) erfolglos um die Aussöhnung beider Parteien bemühte.

Apūrima flūmen: Rio Apurimac (in der Quechuasprache »Hauptsprecher«, wegen des tosenden Wassergeräuschs), westlicher Quellfluss des Ucayali (rechter Nebenfluss des Amazonas).

Atabaliba: Atahuallpa, Sohn und Nachfolger (1527–1533) des Inkaherrschers Huayna Capac. In den Thronstreitigkeiten nach dem Tod Huayna Capacs setzte er sich gegen seinen älteren Bruder Huascar durch (1532).

Austrāle mare: Südliches Meer = Südsee. Diese Bezeichnung für den Pazifischen Ozean stammt von dem spanischen Konquistador Vasco Núñez de Balboa, der 1513 als erster Europäer die Landenge von Panama durchquerte und den Pazifik im Süden des Isthmus liegen sah.

Caxamalca: Cajamarca, Stadt und indianischer Badeort im nördlichen Peru am Rio San Pedro.

Iacōbus Centēnus: Diego Centeno, Hauptmann der kaiserlichen Truppen in der Schlacht im Jaquijaguana-Tal (1548).

Cepeda: Vázquez de Cepeda, Lizenziat und »Auditor« (span.: »Oidor« = Mitglied der Audiencia von Lima), einflussreicher Ratgeber Gonzalo Pizarros.

Chaves: Francisco de Cháves, Stabsoffizier in Diensten Francisco Pizarros.

Cianca: Andrés de Cianca, Lizenziat und Mitarbeiter im Stab Pedro de la Gascas.

Cuzcō: s. Informationstext zu Text 12.

Petrus Gasca: Pedro de la Gasca (1496–1567), kaiserlicher Beauftragter für Peru im Rang eines »Praeses« (Vorsitzender der kaiserlichen Audiencia), der 1546 mit umfassenden Vollmachten nach Peru kam, um den Aufstand der spanischen Landnehmer unter Gonzalo Pizarro zu brechen. In Anerkennung seiner Verdienste wurde er nach seiner Rückkehr (1550) in Spanien zum Bischof von Palencia ernannt.

Franciscus Godoy: Francisco Godoy, bewährter Reiteroberst Francisco Pizarros.

Guaynacapa: Huayna Capac, bedeutender Inkafürst (1493–1527), unter dessen Herrschaft das »Reich der vier Weltregionen« (Tahuantinsuyu) seine größte Ausdehnung (von Mittelchile über Bolivien, Peru und Ekuador bis Südkolumbien) erreichte.

Hircay: Quechua-Bezeichnung für Gebirgsort, vielleicht Yukay (s. Fußnote zu Text 13).

Līma (Rēgum cīvitās): Lima (»Ciudad de los Reyes« = »Stadt der Könige«), von Francisco Pizarro 1535 gegründete Hauptstadt von Peru.

Ferdinandus Luquēs (Luquēsius): Hernando de Luque, Priester, der 1524 im Pakt mit Francisco Pizarro und Diego de Almagro den Plan zur Unterwerfung des Inkareiches entwarf und für die Finanzierung und Logistik des Unternehmens zuständig war.

Mala: Kleiner Ort an der peruanischen Küste südlich von Lima.

Mangō: Manco Capac II., Bruder und von Francisco Pizarro 1534 als Scheinkönig inthronisierter Nachfolger Atahuallpas, dessen Aufstandsbewegung gegen die spanischen Eroberer erfolglos blieb.

Panama: Mittelamerikanische Republik mit der von den Spaniern 1519 gegründeten gleichnamigen Hauptstadt.

Perū: Südamerikanische Republik mit der Hauptstadt Lima, zur Entdeckerzeit Teil des riesigen Inkareichs, seit 1543 spanisches Vizekönigreich, das ganz Spanisch-Südamerika umfasste.

Petrus (Crētēnsis): Pedro de Candía, Söldner kretischer Abstammung im Heer Francisco Pizarros, der später zum Befehlshaber der Artillerie aufstieg.

Antōnius Picātus: Antonio Picado, Sekretär Francisco Pizarros.

Ferdinandus Pizarrus: Hernando Pizarro, Konquistador, Bruder Francisco Pizarros, den er 1529 auf der Rückreise nach Panama begleitete. Wegen seiner Verwicklung in die Entmachtung und Hinrichtung Diego de Almagros d. Ä. 1539 in Spanien festgenommen und für 20 Jahre eingekerkert, starb er 1578 als einziger der Pizarrobrüder eines natürlichen Todes in seiner spanischen Heimat.

Franciscus Pizarrus: Francisco Pizarro, Konquistador, geb. um 1476 in Trujillo (Estremadura) als unehelicher Sohn eines verarmten spanischen Edelmanns. Seit spätestens 1504 in Amerika, eroberte er nach seiner Ernennung zum Statthalter von Peru (1529) das Inkareich (1531–1533). 1541 wurde er von den Anhängern Diego de Almagros (»Almagristen«) in Lima ermordet.

Gōnsalvus Pizarrus: Gonzalo Pizarro, der jüngste der Pizarrobrüder, Konquistador, begleitete Francisco Pizarro 1529 nach Panama. Schon vor dem Tod Francisco Pizarros (1541) begann sein rasanter Aufstieg zur Macht, den der spanische Hof erst nach wechselvollen Auseinandersetzungen durch seinen Beauftragten Pedro de la Gasca in der Schlacht im Jaquijaguana-Tal (1548) brechen konnte.

Iōannēs Pizarrus: Juan Pizarro, Konquistador, begleitete zusammen mit den anderen Brüdern Francisco Pizarro 1529 nach Panama und auf seinen Feldzügen in Peru. Bei der Belagerung Cuzcos durch Manco Capac II. fand er 1536 den Tod.

Quizquiz: Quisquis, einer der Generäle Atahuallpas.

Iōannēs dē Rāda: Juan de Rada (oder Herrada), fanatischer Anhänger Diego de Almagros.

Ferdinandus dē Sōtō (Sōtus): Hernando de Soto (1500–1542), Konquistador und verdienter Reitergeneral Francisco Pizarros. Infolge der Auseinandersetzungen zwischen den Pizarrobrüdern und Diego de Almagro 1536 nach Spanien zurückgekehrt, unternahm er 1539/42 eine, freilich erfolglose, Expedition zur Eroberung Floridas.

Trugillum: Trujillo, Küstenstadt in Nordperu, die als zweitälteste spanische Stadt in Peru 1535 von Diego de Almagro d. Ä. gegründet und nach der spanischen Geburtsstadt Francisco Pizarros benannt worden war.

Tumber: Tumbez, Stadt an der Nordküste Perus am Golf von Guayaquil.

Vilcas: Bedeutendes militärisches und administratives Zentrum des Inkareiches im Westen von Cuzco.

Villavincentius: Pedro de Villavicencio, Hauptfeldwebel der kaiserlichen Truppen in der Schlacht im Jaquijaguana-Tal (1548).

Vincentius dē Valle viridī: Vicente de Valverde, Dominikanerpater, der als einziger der Mönche, die der Expedition Francisco Pizarros zugeteilt waren, am gesamten Feldzug teilnehmen konnte. Für seine Verdienste um die »Heidenmission« wurde er 1538 mit dem Bischofssitz in Cuzco belohnt.

Xaquixaquāna vallis: Tal von Jaquijaguana, etwa 27 km westlich von Cuzco gelegen, Schauplatz der Entscheidungsschlacht zwischen Pedro de la Gasca und Gonzalo Pizarro (1548).

Lernwortschatz

abicere, iō, iēcī, iectum	wegwerfen
ablēgāre	ab-/entsenden
accēdere, cēssī, cēssum	herankommen/-reiten; aufsuchen
accersere = arcessere, īvī, ītum	herbeirufen, aufbieten
accidere, cidī	sich ereignen; widerfahren
adeō *Adv.*	so (sehr)
adfīrmāre = affīrmāre	bekräftigen; versichern
adgredī = aggredī, ior, gressus sum	angreifen
adhortārī	ermuntern, (er)mahnen
adhūc *Adv.*	bis jetzt; (immer) noch
adimere, ēmī, ēmptum	wegnehmen; abnehmen
aditus, ūs *m.*	Zugang
admonēre, monuī, monitum	erinnern, (er)mahnen
adsūmere = assūmere, sūmpsī, sūmptum	an-/mitnehmen; für sich beanspruchen, sich anmaßen
adversus + *Akk.*	gegen(über)
aedēs, is *f.*	Haus, Palast; Tempel
agitāre	(heftig) betreiben; erwägen
āgnōscere, āgnōvī, āgnitum	erkennen; anerkennen
aliquantus	ziemlich groß, beträchtlich
aliquot	einige, etliche
altus	hoch; tief; laut
ambitus, ūs *m.*	Umlauf; Umfang, Ausdehnung
angustiae, ārum *f.*	Engpass; Not
appellere, pulī, pulsum	herantreiben, landen
argenteus	silbern
argentum	Silber
armāre	*zum Kampf* rüsten, bewaffnen
arripere, iō, ripuī, reptum	an sich reißen, packen
attonitus	bestürzt, »geschockt«
aura	Luft(-Hauch), Wind
aureus	golden, Gold-
auris, is *f.*	Ohr
aurum	Gold
auxilia, ōrum *n.*	Hilfstruppen
avāritia	Habgier, Geiz
bracchium	Arm
brevī *erg.* tempore	in Kürze, bald
carcer, eris *n.*	Gefängnis, Kerker
cāsus, ūs *m.*	Fall; Unglücksfall
catēna	Kette, *eiserne* Fessel
celebrāre	häufig besuchen; feiern
cēnsus, ūs *m.*	Vermögen
centuriō, ōnis *m.*	Zenturio, Hauptmann
cervīx, īcis *f.*	Hals, Nacken
cingere, cīnxī, cīnctum	(um)gürten; umgeben, umzingeln
circā + *Akk.*	*örtl.:* um ... herum, in der Nähe von; *zeitl.:* um, gegen
collum	Hals
columna	Säule, Pfeiler
commūnis, e	gemeinsam
comparāre	bereitstellen, verschaffen
concēdere, cēssī, cēssum	nachgeben; überlassen, aushändigen
concidere, cidī	niederstürzen; *im Kampf* fallen
concīdere, cīdī, cīsum	zusammenschlagen, niederhauen
concilium	Versammlung, Rat
concitāre	bewegen; anfeuern, aufwiegeln
condiciō, ōnis *f.*	Verabredung; Bedingung
cōnfēstim *Adv.*	sofort
cōnfīdere, fīsus sum	vertrauen, sich verlassen
conicere, iō, iēcī, iectum	(zusammen)werfen; vermuten
coniūrātiō, ōnis *f.*	Verschwörung, Komplott
coniūrātus	Verschwörer
cōnscius	mitwissend, bewusst, *in etw.* eingeweiht
cōnscrībere, scrīpsī, scrīptum	verfassen; einschreiben, ausheben
cōnservāre	retten, bewahren
cōnsistere, stitī	sich aufstellen, Halt machen, stehen (bleiben)
cōnsōlārī	trösten, gut zureden
cōnspicere, iō, spexī, spectum	erblicken
contrahere, trāxī, tractum	zusammenziehen; straffen
corrumpere, rūpī, ruptum	verderben; bestechen
cum ... tum ...	nicht nur ... sondern auch ...
cūstōs, ōdis *m.*	Wächter, Aufseher
dēcertāre	bis zur Entscheidung kämpfen
deinde *Adv.*	darauf, ferner
dēstināre	bestimmen, beschließen
dētinēre, tinuī, tentum	fest-/abhalten; beschäftigen
dētrahere, trāxī, tractum	herabziehen; wegnehmen
difficultās, ātis *f.*	Schwierigkeit
dīruere, ruī, rutum	niederreißen, zerstören
dispōnere, posuī, positum	verteilen; (zweckmäßig) aufstellen
dissimulāre	so tun, als ob nicht; verheimlichen
distāre	auseinander stehen, entfernt sein; sich unterscheiden
distribuere, buī, būtum	(ver)teilen
dīversus	verschieden
dōnāre	geben, schenken
dōnec	bis (endlich)
ē/ex + *Abl.*	aus; von (... her)
ēdūcere, dūxī, ductum	herausführen; herausziehen, zücken
ēgredī, ior, gressus sum	hinausgehen; ausrücken

ēicere, iō, iēcī, iectum	hinauswerfen, vertreiben
eō *Adv.*	dorthin
ērudīre	unterrichten, (aus)bilden
excēdere, cēssī, cēssum	hinausgehen, sich entfernen
excipere, iō, cēpī, ceptum	aufnehmen, empfangen
exīstimāre	(ein)schätzen; meinen
expedītiō, ōnis *f.*	(militärische) Unternehmung
experīrī, pertus sum	versuchen, erproben
explōrāre	erkunden
faciēs, ēī *f.*	äußere Erscheinung; Gesicht
fatīgāre	ermüden
ferreus	eisern, aus Eisen
fidēlis, e	treu, redlich, fair
fidēs, eī *f.*	Treue, Vertrauen; Ehrenwort
fīgere, fīxī, fīxum	(an)heften; errichten
frangere, frēgī, fractum	(zer)brechen
fraus, dis *f.*	Betrug, Tücke
fuga	Flucht
gemma	Edelstein
gestāre	tragen
grātiā + *Gen. (nachgestellt)*	um … willen, wegen
grātulārī	Glück wünschen
gravitās, ātis *f.*	Schwere; Ernst, Würde
habēre	haben, halten; behandeln
habitus, ūs *m.*	Haltung, Aussehen; Kleidung
haud	nicht
Hispānia	Spanien
Hispānus	Spanier; spanisch
hortārī	ermuntern, ermahnen
impetus, ūs *m.*	Andrang, Angriff
inānis, e	leer; eitel, unnütz
incēdere, cēssī, cēssum	einhergehen; befallen
incidere, cidī	hineinfallen/-geraten
inclūdere, sī, sum	einschließen; (hin)einfügen
indicāre	anzeigen, verraten
indulgēre, dulsī	nachgeben; sich hingeben
Indus	Indianer/Indio; indianisch
ingenium	Anlage, Begabung; Verstand
ingredī, ior, gressus sum	hineingehen, besteigen; *in etw.* eindringen
inicere, iō, iēcī, iectum	hineinwerfen; anlegen
inīquus	ungleich; ungerecht; feindselig
īnscrībere, scrīpsī, scrīptum alicui reī	in/auf etw. schreiben/ als Inschrift setzen
īnsīgnis, e	ausgezeichnet, glänzend
integer, gra, grum	unversehrt; voll(ständig)
intellegere, lēxī, lēctum	erkennen, erfahren; einsehen
intereā *Adv.*	unterdessen, inzwischen
intericere, iō, iēcī, iectum	dazwischenwerfen, -schieben
interpres, tis *m.*	Erklärer; Dolmetscher
istīc *Adv.*	dort
item *Adv.*	ebenso, auch
lapis, idis *m.*	Stein; (steinernes) Mahnmal
lēgātiō, ōnis *f.*	Gesandtschaft
libīdō, inis *f.*	Lust, Begierde
licentia	Erlaubnis, Vollmacht; Willkür
lītus, oris *n.*	Küste, Strand
māgnitūdō, inis *f.*	Größe
māiestās, ātis *f.*	Größe, Würde, Hoheit
mandātum	Auftrag, Weisung
marchiō, ōnis *m.*	Markgraf
maritimus	am Meer befindlich, Meeres-
marmoreus	marmorn, aus Marmor
mediocris, e	(mittel)mäßig, (nur) geringfügig/wenig
mentiō, ōnis *f.*	Erwähnung
merīdiēs, ēī *m.*	Mittag
mīles, itis *m.*	Soldat; *(als Sammelbegriff)* Heer
mīlle, *Plur.* mīlia, ium	tausend
minimē *Adv.*	am wenigsten; keineswegs
minus *Adv.*	weniger, minder
mītis, e	mild, sanft; gnädig
monachus	Mönch
morī, ior, mortuus sum	sterben
mulier, eris *f.*	Frau
mūnīre	befestigen, schützen
nātiō, ōnis *f.*	Geburt, Abstammung; Volk(sstamm)
nē … quidem	nicht einmal …
necessārius	notwendig, erforderlich
nex, necis *f.*	Mord, Tod
nihilōminus *Adv.*	nichtsdestoweniger, trotzdem
nimis *Adv.*	zu (sehr); überaus
obstringere, strīnxī, strictum	(fest)binden; verpflichten
obstruere, strūxī, strūctum	verbauen; verschließen
occīdere, cīdī, cīsum	niederhauen, töten
offendere, fendī, fēnsum	anstoßen; verletzen; beleidigen; *auf jdn./etw.* stoßen
onus, eris *n.*	Last, Ladung
onustus	beladen
opera	Arbeit, Mühe; Hilfe
opulentus	reich
ōra	Küste
ōrnāre	schmücken, verzieren
ostendere, tendī	zeigen
pariēs, etis *m.*	Wand
partim … partim …	teils … teils …
partīrī	verteilen, aufteilen
peditātus, ūs *m.*	Fußvolk, Infanterie
peragere, ēgī, actum	durchführen
plērīque, plēraeque, plēraque	die meisten

plūrēs, plūra, ium *(Komparativ zu* multī, ae, a)	mehr(ere)	sanguis, inis *m.*	Blut
plūrimī, ae, a *(Superlativ/Elativ zu* multī, ae, a)	die meisten, sehr viele	sēcum	mit sich
		sella	Stuhl, Tragsessel
pollicērī, licitus sum	versprechen	septem	sieben
pontifex, ficis *m.*	Oberpriester	sermō, ōnis *m.*	Gespräch; Rede, Sprache
porrō *Adv.*	weiter, ferner; *örtl.:* in der Ferne	sīgnificāre	bezeichnen; zu verstehen geben
posterus	(nach)folgend, später	similis, e	ähnlich, gleich(artig)
postrēmō *Adv.*	zuletzt, schließlich	simul *Adv.*	zugleich
postrīdiē *Adv.*	am folgenden Tag	sīn	wenn aber
potēns, entis	mächtig	singulī, ae, a	einzeln, je einer, allein
potius *Adv.*	eher, lieber	societās, ātis *f.*	Bündnis, Pakt
praecipere, iō, cēpī, ceptum	vorschreiben, befehlen	sōl, sōlis *m.*	Sonne (Sōl: Sonnengott)
praeda	Beute	spatium	Raum; Zeitraum, Zeitspanne
praedicāre	preisen, rühmen		
praefectus	Vorsteher; Hauptmann	spectāre ad aliquid	auf etw. hinaussehen, in Richtung auf etw. liegen
praeficere, iō, fēcī, fectum	an die Spitze stellen, den Oberbefehl *über jdn./etw.* geben	spoliāre	(aus)plündern; berauben
		statua	Standbild, Statue
praesertim *Adv.*	zumal, vor allem	statuere, uī, ūtum	aufstellen; festsetzen, beschließen
precēs, um *f.*	Bitten		
premere, pressī, pressum	drücken, pressen; beladen	strepitus, ūs *m.*	Lärm, Getöse
prōditor, ōris *m.*	Verräter	struere, strūxī, strūctum	schichten, (er)bauen
prōdūcere, dūxī, ductum	vorführen; (hin)bringen; hervorbringen	sub + *Akk.*	*örtl.:* unter … hin; *zeitl.:* gegen
profectiō, ōnis *f.*	Abreise, Abmarsch	sūmere, sūmpsī, sūmptum	(an/zu sich) nehmen; unternehmen, vollstrecken
proficīscī, fectus sum	aufbrechen, (ab)reisen; marschieren		
prōnūntiāre	verkünden	sūmptus, ūs *m.*	Aufwand, Kosten
prōpōnere, posuī, positum	(öffentlich) vorlegen; vorschlagen	supplicium	Todesstrafe, Hinrichtung
		suspectus	mit Argwohn betrachtet, verdächtig
proptereā *Adv.*	deswegen, daher	sustinēre, uī	aushalten; aufhalten
quā rē	1. *interrog.:* wodurch 2. *rel. Anschluss:* daher	tālis, e	so beschaffen, solch ein
		tam *Adv.*	so
quantus	wie groß, wie viel	tamquam *Adv.*	(gleich)wie, gleichsam als
querī, questus sum	sich beklagen/beschweren	templum	Heiligtum, Tempel
		temptāre	betasten; versuchen
quia	weil	tormentum	Wurfmaschine
quiēs, ētis *f.*	Ruhe; Schlaf	tribūnus (militum)	hoher Offizier, Oberst
quīnque *undekl.*	fünf	tuērī, tutātus sum	(be)schützen, verteidigen
quisquis, quidquid	wer/was auch immer; jeder, der/alles, was	turba	Lärm; Getümmel, Menschenmenge
		tyrannus	Gewaltherrscher, Tyrann
recipere, iō, cēpī, ceptum	aufnehmen	unde *Adv.*	von wo, woher
sē recipere	sich zurückziehen	ūniversus	gesamt; allgemein
redimere, ēmī, ēmptum	loskaufen; erlösen	urgēre, ursī	(be)drängen, bestürmen
rēgia	Hofburg; Hauptstadt	ūsus, ūs *m.*	Gebrauch, Nutzen
regiō, ōnis *f.*	Gegend, Landschaft	uterque, utraque, utrumque *(Gen.:* utriusque, *Dat.:* utrīque)	jeder von beiden, beide
reliquus	übrig		
remanēre, mānsī, mānsum	zurückbleiben		
remittere, mīsī, missum	zurückschicken; nachlassen	vagārī	umherschweifen/-streifen
		vallis, is *f.*	Tal
renūntiāre	(zurück)melden, (amtlich) mitteilen	vās, vāsis *n.*	Gefäß
		vērō *Adv.*	vollends; aber, jedoch
repetere, petīvī, petītum	wieder aufsuchen, zurückkehren; wiederholen	versārī	sich aufhalten/befinden
		vērum *Adv.*	aber, jedoch
revertī, revertor, revertī (*Part.:* reversus)	zurückkehren	vēxillum	Fahne, Standarte
		victōria	Sieg
sāl, salis *m.*	Salz	vidēlicet *Adv.*	offenbar; nämlich
sancīre, sānxī, sānctum	heiligen; festsetzen; bestätigen	vincīre, vīnxī, vīnctum	(fest)binden, fesseln
		vix *Adv.*	kaum, mit Mühe